2.40

Kindler
Taschenbücher

Geist und Psyche

Heinrich Karl Fierz

Die Jungsche analytische (komplexe) Psychologie

Kindler
Taschenbücher

GEIST UND PSYCHE
Herausgegeben von Nina Kindler

Erstveröffentlichung in »Handbuch der Klinischen Psychologie«, Bd. II/Die Psychotherapie in der Gegenwart, ed. E. Stern, Rascher Verlag, Zürich, 1958.

Redaktion: Traut Felgentreff
Korrekturen: C. F. Halm
Gesamtherstellung: Friedrich Pustet, Regensburg
Printed in Germany 1976
ISBN 3 463 02166 8

Inhalt

I. Standort

Carl Gustav Jungs *analytische Psychologie* gründet auf dem Werk der psychotherapeutischen Pioniere, deren Schüler und Mitarbeiter Jung war: Eugen Bleuler, Pierre Janet und Sigmund Freud. Mit Bleuler, an dessen grundlegender Arbeit über die Gruppe der Schizophrenien er wesentlich mitbeteiligt war (31), verbindet Jung das Bestreben, das seelische Phänomen durch *Begriffe* zu erfassen. Jung ist sich jedoch der Schwierigkeit eines solchen Unternehmens voll bewußt. So sagt er (im Hinblick auf den Begriff der seelischen Energie, die er als Libido bezeichnet, 7, S. 51): »Durch die Anwendung des reinen Begriffes auf die Stoffe der Erfahrung tritt notwendigerweise eine Konkretisierung oder Veranschaulichung des Begriffs ein, wodurch es dann den Anschein hat, als ob damit auch eine Substanz durch den Begriff gesetzt sei. Jeder angewandte Begriff hypostasiert sich unvermeidlich, auch wider unseren Willen, worüber wir allerdings nie vergessen dürfen, daß wir es doch mit einem Begriff zu tun haben.« Trotz seines begrifflichen Denkens hat Jung auch nicht übersehen, wie schwer faßbar und gegenseitig verstrickt die Formen des Seelenlebens sind. Er versucht, in seiner Darstellung diesem Problem gerecht zu werden, und hat deshalb für seine Psychologie auch die Bezeichnung *komplexe Psychologie* vorgeschlagen.

Janet und Freud bezeichnet Jung selbst als Pioniere der empirischen Psychologie (14, S. 527). Janets Leistung sieht er in der Erforschung des *formalen* Aspekts, diejenige Freuds in der Erforschung des *Inhalts* psychogener Symptome. Darüber hinaus teilt Jung mit Janet eine *dynamische* Auffassung der Seele, während von den Freudschen Gesichtspunkten vor allem die Hypothese des *Unbewußten* (14, S. 510) Jung zutiefst beeinflußte. Er hat dann allerdings die Psychologie des Unbewußten in anderer Weise weiterentwickelt als Freud, was dazu führte, daß Jung sich von Freud löste und eine eigene »Schule oder Richtung« begründete (6).

In der Erforschung von Form und Inhalt des seelischen Phänomens befürwortet Jung einen *phänomenologischen Stand-*

punkt: »Der Gegenstand der Forschung ist die natürliche Erscheinung. In der Psychologie gehört zu den wichtigsten Phänomenen die Aussage, und insbesondere deren formale und inhaltliche Erscheinungsweise, wobei letzterem Aspekt in Ansehung des Wesens der Psyche wohl die größere Bedeutung zukommt. Die Aufgabe, die sich jeweils zuerst stellt, ist die Beschreibung und Ordnung der Vorkommnisse, sodann folgt die genauere Untersuchung auf die Gesetzmäßigkeit ihres lebendigen Verhaltens. Die Frage nach der Substanz des Beobachteten ist in der Naturwissenschaft nur dort möglich, wo sich ein archimedischer Punkt außerhalb findet. Für die Psyche fehlt ein solcher Standpunkt außerhalb, weil ja nur die Psyche die Psyche beobachten kann. Infolgedessen ist die Erkenntnis der psychischen Substanz ausgeschlossen, wenigstens für unsere jetzigen Mittel. Auch unsere feinste Erklügelung wird nicht mehr feststellen können, als was sich im Satz ausdrückt: so verhält sich die Psyche« (11, S. 3).

II. Das Unbewußte

Außer an Freud schließt Jung in seiner Auffassung des Unbewußten auch an Fechner an. Wenn Fechner sagt (36, S. 438): »Empfindungen, Vorstellungen haben freilich im Zustande des Unbewußtseins aufgehört, als wirkliche zu existieren, aber es geht etwas in uns fort, die psychophysische Tätigkeit«, so hat er sich damit dem Standpunkte einer modernen Psychologie bereits sehr angenähert. Jung hält jedoch Fechners Schluß insofern für etwas unvorsichtig, als der psychische Vorgang doch mehr oder weniger derselbe bleibe, ob er unbewußt sei oder nicht; »eine Vorstellung besteht nicht nur in ihrem Vorgestelltsein, sondern auch – und dies hauptsächlich – in ihrer psychischen Existenzialität« (14, S. 509).

Die bereits von Fechner formulierte (»es geht etwas in uns fort«) und von Freud begrifflich gefaßte (»Das Unbewußte«) Existenz einer vom Bewußtsein geschiedenen seelischen Region beim Einzelindividuum ist von ganz unabsehbarer Bedeutung. Psychologisch bedeutet sie »ein großes Fragezeichen, das hinter den Begriff der Psyche gesetzt wird. Die bis dahin vom philosophischen Intellekt gesetzte und mit allen nötigen Vermögen ausgestattete Seele droht sich als ein Ding mit unerwarteten und unerforschten Eigenschaften zu entpuppen. Sie stellt nicht mehr das unmittelbar Bekannte und Gewußte dar. Vielmehr erscheint sie in seltsamer Doppelgestalt, als ein Allbekanntes und zugleich Unbekanntes« (14, S. 510). Praktisch gesehen ergibt sich ein Bild des Menschen und des menschlichen Verhaltens, dessen Bedeutung trotz der Jahrzehnte, die seit Freuds Formulierung vergangen sind, im ganzen noch ganz ungenügend erkannt ist. Jung weist darauf hin, daß die Janetschen wie die Freudschen Befunde zeigen, daß im unbewußten Zustande alles anscheinend so weiterfunktioniert, wie wenn es bewußt wäre. Es wird wahrgenommen, gedacht, gefühlt, gewollt, beabsichtigt, wie wenn ein Subjekt vorhanden wäre (14, S. 538). Darüber hinaus hat aber Jung festgestellt, daß ein bewußter und ein unbewußter Zustand keineswegs nur im Wechsel, einander ablösend, vorhanden sind, sondern überaus häufig – in einem gewissen Ausmaße sogar allgemein bei jedem Individuum – gleichzeitig vorhanden sein können. Diese Gleichzeitigkeit ist möglich infolge des Phänomens der Dissoziabilität der Psyche, d. h. der Eigentümlichkeit, daß der Zusammenhang der psychischen Vorgänge unter sich nur ein sehr bedingter ist (14, S. 520). Das bedeutet z. B., daß in einer Gruppe von Menschen Einzelne – oder viele, oder alle? – neben ihren bewußten Ansichten und Zielen noch andere, unbewußte Eigenschaften haben; sie können sich deshalb – auch ohne daß ein zweites Ich besteht – jederzeit so verhalten, wie wenn sie eine zweite, versteckte Ansicht und ein weiteres, geheimes Ziel hätten. Eine solche Tatsache ist geradezu unheimlich, obschon im Grunde nicht ganz unbekannt. Ein jeder kennt den Geschäftsmann, der bewußt fair und ehrlich, d. h. formgerecht vorgeht, während nur allzu deutlich wird, wie er durch eine zielbewußte *Intrige* (»Kunstgriff«, Adler, 30, S. 34) Konkurrenten ruchlos abwürgt. Wir kennen auch die Mutter, die für ihre heranwachsenden Kinder nur Liebe und Sorge kennt, und sie dennoch systematisch vom Leben abschneidet und zugrunde richtet. Die Existenz des Unbewußten bedeutet aber auch, daß wir uns selber immer wieder prüfen und beobachten müssen, welch andere Pläne wir noch – ohne genügend klar bewußt zu sein – neben unseren so guten Absichten hegen.

Die unbewußte Region der Seele hat gegebenenfalls die Neigung, uns so zu beeinflussen, wie wenn neben unserer bewußten Persönlichkeit noch eine zweite in uns wirken würde, die unsere bewußten Absichten hindert oder gar durchkreuzt. Bei näherer Untersuchung erweist sich aber der Zustand der unbewußten Region als nicht ganz analog zu dem der bewußten. Die unbewußten Tendenzen werden nämlich nicht, wie die bewußten, durch *Reflexion* (Argumente, Überlegungen) korrigiert, sondern wirken beständig und gleichmäßig, geradezu in Form eines *Automatismus*, den man erst abstreifen kann, wenn man die Tendenz bewußt macht (14, S. 538). Sie versetzen das Subjekt auch leicht in den Zustand der *Ergriffenheit*, d. h. der willenlosen Ergebenheit: Wie leicht wird z. B. ein Eitler, der an edle Ziele glaubt und unbewußt Macht sucht, von einem Schmeichler übertölpelt, der ihm einen Machtzuwachs vorgaukelt. Jeder »gerissene Politiker« kennt den Automatismus der unbewußten Tendenzen bei seinen Gegnern und setzt ihn in Bewegung.

Die Grenze zwischen Bewußtsein und Unbewußtem ist nun nicht immer scharf. Oft ist sie geradezu fließend. Zwischen dem »ich tue« und dem »ich bin mir bewußt, was ich tue« besteht nicht nur ein himmelweiter Unterschied, sondern bisweilen ein ausgesprochener Gegensatz. Es gibt daher ein Bewußtsein, in welchem das Unbewußtsein überwiegt, wie ein Bewußtsein, in welchem die Bewußtheit dominiert (14, S. 540). Unscharf ist die Grenze besonders dort, wo *unbewußte Intrigen*, wie sie Adler nachgewiesen hat, spielen. Jener Geschäftsmann, der seine Konkurrenten intrigant schädigt, muß vielleicht bei näherem Befragen zugeben, daß manche »unerwartete, traurige Folge seiner Vorkehren« ihm gar nicht so unerwartet waren; er hatte sich lediglich in Vogel-Strauß-Politik geübt. Ein eigentliches Bewußtsein ist eben immer auch ein verantwortliches Bewußtsein, und der unbewußte Einschlag in einem an sich bewußten Verhalten zeigt sich nach außen z. B. in der Form von Nachlässigkeit oder nicht eingestandener Unredlichkeit.

Es gibt demnach neben einem klaren, hell erleuchteten Ich-Bewußtsein häufig – außer dem vollständig Unbewußten und Dunkeln – spärlich erleuchtete »Inseln«, die mit dem verantwortlichen Bewußtsein nur in notdürftigem oder gar keinem Zusammenhang stehen. Dort herrscht kein Licht, sondern nur eine gewisse *»luminositas«* (eben z. B. das Nebelhafte der Unredlichkeit), und Jung schlägt vor, sich das Ich-Bewußtsein zu denken als umgeben von vielen kleinen Luminositäten (14, S. 543)[1].

III. Die Grenzphänomene des Unbewußten im Bewußtsein

Trotz der Unschärfe der Grenzlinie sind, in weiterem Rahmen gesehen, Bewußtsein und Unbewußtes normalerweise doch deutlich geschieden. Von größter Wichtigkeit ist es deshalb für die Einheitlichkeit der Persönlichkeit, daß bewußte und unbewußte Tendenzen nicht unbezogen in verschiedene Richtungen weisen. Die Folge wäre ein dissoziiertes Verhalten, das für die Entwicklung des Individuums und für seine Beziehung zur Umwelt nur nachteilig sein könnte. Die erwähnten *Luminositäten* und ihre praktische Auswirkung können in erster Linie eine allzu starke Divergenz von Bewußt und Unbewußt verhindern. Die Luminosität führt zu einem in seiner Bedeutung unscharf erkannten und nicht verantwortlich empfundenen Verhalten. Dies hat *Konflikte* des Menschen mit sich selbst und mit der Umwelt zur Folge. Wer unbewußt, unverantwortlich handelt, kann zur Rechenschaft gerufen werden. Aufregung, Schuldgefühle und Scham des Individuums, Streit und Versöhnung mit dem Mitmenschen führen dann zu einer verantwortlichen Assimilation des Unbewußten im Bewußtsein. Die Wirklichkeit der Umwelt verhindert so ein allzu starkes Auseinanderstreben von Bewußt und Unbewußt und erzwingt eine Totalität des Individuums. Gleichzeitig wird hierdurch auch eine Vereinsamung des Individuums verhindert und eine Beziehung zur Umwelt erreicht. Wer allzu viele und divergente »Luminositäten« hat, hat auch viele *»wunde Punkte«* und entzieht sich deshalb dem lebendigen Kontakt zur Umwelt, und die Umwelt scheut auch ihn. Der gefürchtete Konflikt erweist sich aber – sofern er ausgetragen wird – als günstige *Möglichkeit zur Weiterentwicklung*, und die Beziehung des Bewußtseins zum Unbewußten, und die Beziehung des Individuums zur Umwelt entwickeln sich Hand in Hand.

[1] Hier sowie im folgenden stützt sich die Darstellung auf Jungs Formulierungen, wobei nicht immer wörtlich zitiert wird; der entsprechende Literaturnachweis wird jeweilen gegeben.

Der Assoziationsversuch und der Komplex

Der Frage der seelischen Empfindlichkeit, die dem Menschen innere und äußere Schwierigkeiten bringt, hat Jung ausgedehnte experimentelle Studien gewidmet (17). Als Methode bediente er sich des von Wundt geschaffenen und von Aschaffenburg in die psychiatrische Forschung eingeführten *Assoziationsversuchs* (46, S. 339). Der Versuch besteht darin, daß der zu untersuchenden Person der Reihe nach 100 Worte vorgesagt werden. Zu jedem Wort hat die Versuchsperson das nächste Wort, das ihr einfällt, zu sagen, wobei ihre Reaktionszeit mit der Stoppuhr und in $^1/_5$ Sekunden gemessen wird. Anschließend werden die 100 Worte nochmals wiederholt, und die Versuchsperson soll angeben, wie ihr Reaktionswort lautete. Als Regel ergibt sich, daß nicht allzu kranke Versuchspersonen eine Reaktionszeit aufweisen, die zwischen $^6/_5$ und $^{11}/_5$ Sekunden liegt. Die Sicherheit, mit der die Reizworte in der Wiederholung richtig reproduziert werden, ist immer wieder erstaunlich – ohne das Gerüst der Reizworte könnte eine Reihe von 100 Worten ja niemals z. B. nach einmaligem Vorsagen richtig wiederholt werden. Die Assoziationen zu den einzelnen Worten sind eben nicht zufällig. Die mit den Reizworten angetönten Vorstellungen sind, und zwar in für die Bewußtseins-Einstellung kennzeichnender Weise, mit weiteren Vorstellungen fest verknüpft, und von diesen weiteren Vorstellungen wird jeweils die nächstliegende als Reaktionswort gegeben. In der Wiederholung kann dann erneut und unverändert nachgewiesen werden, welches die dem Reizwort nächstliegende Vorstellung ist.

Von dieser geschilderten Regel der Reaktionszeit und der festen Assoziation gibt es nun praktisch in jedem Versuch Ausnahmen. Erstens kann die Reaktionszeit verlängert sein, z. B. $^{20}/_5$ und mehr Sekunden. Und zweitens kann in der Wiederholung die Assoziation unrichtig oder überhaupt nicht wiederholt werden. Überaus häufig fallen verlängerte Reaktionszeit und gestörte Reproduktion zusammen. Bei stark verlängerten Reaktionszeiten sind zudem auch die Reaktionszeiten bei den nachfolgenden Reizworten etwas verlängert. Eine Untersuchung der Reizworte, bei denen solche Störungen auftreten, ergibt, daß diese in eine oder mehrere, inhaltlich verbundene Gruppen zusammengefaßt werden können, z. B. tanzen, fürchten, Angst, küssen, Braut, Storch. Mit diesen Worten sind also Vorstellungen berührt worden, die inhaltlich zusammengehören und ein Ganzes bilden. Für dieses zusammengesetzte Ganze hat Jung – entsprechend philosophischem Sprachgebrauch – den Namen *Komplex* gewählt. Wie aus dem Versuch hervorgeht, sind Vorstellungen, die zum Komplex gehören, dadurch ausgezeichnet, daß sie mit der *habituellen Bewußtseins-Einstellung* nicht durch festgelegte Assoziationen verknüpft sind: Deshalb hat die Versuchsperson Mühe, auf das Reizwort sofort ein Reaktionswort zu finden, und die Reaktionszeit verlängert sich. Deshalb kann auch das Reaktionswort nicht reproduziert werden, es ist eben nicht eine bereits festgelegte, sondern eine mit Mühe gefundene und leicht wieder verlorene Assoziation. Ist die Verbindung des Komplexes zum Bewußtsein mangelhaft, so besteht oft nur ein Komplexmerkmal, also nur eine verlängerte Reaktionszeit, oder nur eine fehlende Reproduktion. Bei zwei Komplexmerkmalen liegt meist ein eigentlich unbewußter Komplex vor, während eventuell auch ein mehr oder weniger bewußter Komplex besteht, wenn nur ein Komplexmerkmal vorliegt. Ob der Komplex in gewissem Ausmaße bewußt – eine »Luminosität« – ist, läßt sich manchmal nur durch Exploration der Versuchsperson feststellen. Eine besondere Bedeutung zur Aufdeckung bewußter Komplexe hat der Assoziationsversuch in der *forensischen Psychologie* erhalten (18), indem er eventuell ermöglicht, Aussagen von Zeugen und Angeschuldigten durch eine geeignete Versuchsanordnung zu überprüfen: Dort, wo man lügt und sich verstellt, zeigt der Versuch Komplexmerkmale auf, die in diesem Falle also auf einen ganz bewußten Komplex hinweisen. Auch hier hat aber die betreffende Bewußtseins-»Insel« einen etwas »luminösen« Einschlag, denn sie ist nicht mit Verantwortlichkeit, sondern mit Unwahrheit verknüpft. Hingegen ist Jung der Ansicht, daß für einen zu forensischen Zwecken durchgeführten Versuch 100 Reizwörter zu wenig sind, um einen Komplex ganz evident zu machen (18, S. 31).

Bei dem Bewußtsein sehr fernen, oder ausnahmsweise auch bei bewußten, aber – wie z. B. bei forensischen Fällen – ängstlich versteckten Komplexen zeigt sich dann auch noch das erwähnte Symptom, daß die verlängerte Reaktionszeit auch bei den nachfolgenden Reizworten nachklingt *(perseveriert)* und die Reaktionszeit erst beim vierten oder fünften nachfolgenden Wort wieder ganz zur individuellen Norm zurückkehrt. Das Reizwort hat dann einen sichtlichen *Schock*zustand ausgelöst, von dem sich die Versuchsperson erst allmählich erholt. L. Binswanger ist es gelungen, mittels des *psychogalvanischen Reflexphänomens* (Veraguth, 57) zu beweisen, daß dieser Schock bis tief in den Körper geht und bei geeigneter Versuchsanordnung auch bei weniger bewußtseinsfernen Komplexen nachweisbar ist. Wird eine Versuchsperson während des Assoziationsversuches in einen elektrischen Stromkreis von sehr geringer Stärke eingeschaltet, so beobachtet man bei jeder assoziativen Reaktion einen galvanischen Ausschlag. Ein Spiegelgalvanometer läßt die Schwankungen der Stromstärke (den galvanischen Ausschlag) leicht beobachten. Bei rein intellektuellen Arbeiten, wie Addieren von kleinen Zahlen, treten keine Ausschläge auf. Zeigt der Assoziationsversuch aber ein Komplexmerkmal, so vergrößert sich der Ausschlag. Das Ergebnis spricht dafür, daß im Assoziationsversuch alle Assoziationen mit einem gewissen, bis in den Körper reichenden Affekt verbunden sind, der sich bei Komplexen zu einer deutlichen Affekt-Betonung steigert (33). Jung nennt deshalb den Komplex einen *gefühlsbetonten* Komplex.

Die Symptomatik des Komplexes kann natürlich auch ohne Assoziationsversuch beobachtet werden. Wo Einer auf einem Fehler ertappt wurde, den er vielleicht fast unabsichtlich, aber dennoch nur allzu zielgerichtet beging, da kann er zu stottern beginnen (Hemmung und Unsicherheit der Assoziation), da regt er sich auf (Affekt-Betonung), und da errötet oder erblaßt er (Störung bis ins Körperliche).

Der Komplex zeigt demnach das *Grenzphänomen* an der Grenze zwischen Bewußt und Unbewußt ähnlich wie die »Luminositas«, aber unter einem das Affektive mehr hervorhebenden Gesichtswinkel. Auch hier zeigen sich wieder alle Abschattierungen zwischen klar bewußt und dunkel unbewußt. Immer aber sind die Fragen, welche die den Komplex bildenden Vorstellungen aufwerfen, im Hinblick auf ein klares und verantwortliches Bewußtsein ungenügend geklärt, und im Bewußtsein fehlen auch die Voraussetzungen zu einer Klärung. Wenn z. B. ein Mann seine Frau betrogen hat, so ist oft noch ein weiter Weg vom Eingestehen der Verfehlung (Eintritt des Komplexinhalts in den Fragekreis der Verantwortlichkeit) bis zur Klarstellung der Frage, ob er sich mit seiner Gattin versöhnen kann, ob vielleicht hier die Entwicklung einer Scheidung beginnt, und bis auf alle Fälle die Lage so bereinigt ist, daß sich alle Beteiligten wieder frei und offen in die Augen sehen können. Der Weg führt durch Konflikt, oft durch Leiden. Zunächst aber ist der Komplex, auch wenn er in seiner vollen Bedeutung bewußtgemacht wird, noch lange nicht im eigentlichen Sinne vom Bewußtsein assimiliert. Es ist für das Bewußtsein *inkompatibel*, weshalb es begreiflich ist, wenn vorgezogen wird, statt des langen und schmerzlichen Unternehmens der Assimilation die Lösung im Vergessen, das Freud so treffend das *Verdrängen* genannt hat, zu suchen.

Ist die Inkompatibilität des Komplexes sehr erheblich und die Assimilation äußerst erschwert, so können die allerschwersten Störungen des seelischen Gleichgewichts auftreten, wenn der Komplex plötzlich in den Gesichtskreis der Verantwortlichkeit tritt. Der Nachweis oder das Aufdecken eines Verschuldens oder eines Fehlers kann den Menschen so erschüttern, daß ein Suicid oder ein hysterischer Erregungszustand eintritt. In der Therapie wird man deshalb in solchen Fällen Schritt für Schritt vorzugehen suchen und die »peinliche Frage« erst dann ins volle Licht der Verantwortlichkeit heben, wenn bewußte Voraussetzungen erreicht sind, die eine Antwort und dadurch eine Assimilation erlauben.

Neben den Störungen im Assoziationsversuch, die die Komplexe anzeigen, gibt das Gesamtbild der Assoziationen auch einen Eindruck von der seelischen Gesamtverfassung des untersuchten Individuums. Gerade in der Frage, ob die bewußten Voraussetzungen zur Assimilation des Komplexes vorhanden seien, können Niveau und Reichtum bzw. Armut und Einseitigkeit der Assoziation wertvolle Anhaltspunkte vermitteln. Darüber hinaus ist der Versuch auch psychiatrisch-diagnostisch verwertbar, indem Assoziationszeiten und Assoziationen bei den verschiedenen Psychosen typisch sind. So sind die habituellen Zeiten bei der Manie verkürzt, bei der Depression verlängert, während sie bei organischen Hirnstörungen während des Versuchs allmählich ansteigen, insbesondere in der zweiten Hälfte des Versuchs (rasche geistige Ermüdbarkeit bei psycho-organischem Syndrom). Bei Neurosen hat Jung nachgewiesen, daß der in den Assoziationen auftretende Komplex die *causa morbi* darstellt (17, IV). Hysterische und Zwangsphänomene stammen von einem Komplex ab, und in der Symptomatik sind die körperlichen und psychischen Symptome symbolische Abbilder des pathogenen Komplexes.

Der Traum

Der Komplex zeigt uns das Unbewußte als eine Dunkelheit verschiedenster Abschattung gegenüber dem Licht des Bewußtseins. Der Zugang zum Unbewußten, den Freud mit der Deutung des *Traumes* aufgezeigt hat (40), erweist sich als Licht in der Dunkelheit. Auch der Traum ist ein Grenzphänomen des Unbewußten. Auch sein Licht ist kein klares Licht, das ohne weiteres verständlich ist, sondern erneut eine »Luminositas«, mit oft dunkelm Sinn, mit oft vielfacher, schwer faßbarer Bedeutung. Er leuchtet in der Nacht des Schlafes. Träume sind ja Vorstellungen, die während des Schlafes ins Bewußtsein treten. Entsprechend der herabgesetzten Bewußtseinsstufe, die während des Schlafes vorhanden ist, sprechen Träume keine logisch-begriffliche Sprache, sondern äußern sich bildhaft, so etwa, wie Kinder denken, oder wie dies gewisse Primitive tun. Am Tage äußert sich das Unbewußte lediglich – oft ja nur allzu deutlich – in den z. B. »unbewußt-intriganten« Folgen der Luminositäten, vielleicht auch einmal in *Fehlleistungen, Versprechen* (Freud) und – entsprechend seiner affektiven Tönung – in plötzlichen *Launen.* Im Schlafe sind Symptome einer zusammenhängenden unbewußten Tätigkeit in den Träumen direkt sichtbar (3, S. 98). Werden die Träume verstanden, so wird damit ein Verständnis eröffnet für die Intentionen, die in der unbewußten Region der Seele vorhanden sind.

Die Gerichtetheit alles Psychischen besteht auch im Unbewußten (d. h. praktisch: Jede Unbewußtheit hat ihre Folgen). Entfernt sich die bewußte Einstellung des Individuums allzusehr von jener Haltung, die dem Individuum eigentlich gemäß wäre, so häufen sich »Gegenargumente« im Unbewußten an. Ist die Spannung zwischen Bewußt und Unbewußt stark, so tritt im Schlafe, wenn das habituelle Bewußtsein ausgeschaltet ist, der Traum als bildhaft formulierte Korrektur ins Bewußtsein über. Wohl dem, der dann dieses »Grenzphänomen« versteht und beherzigt, er vermeidet damit eine Dissoziation seines intentionalen Verhaltens mit all ihren gefährlichen, ja oft katastrophalen

Folgen. Jung bezeichnet deshalb die Träume als *kompensatorisch* zum Bewußtsein (3, S. 98).

Ob die Kompensation unwirksam sei, wenn der Traum nicht verstanden wird, ist übrigens nicht unbedingt sicher; vieles wirkt ja, ohne daß es verstanden wird (7, S. 252). Zweifellos kann aber die kompensierende Wirkung beträchtlich gesteigert werden, wenn die Träume verstanden werden. Allzuleicht wird sonst das Unbewußte überhört, denn seine Symptome im Bewußtsein sind oft flüchtig; auch überaus eindrückliche, ja Schreck-Träume können oft nach dem Erwachen nicht mehr erinnert werden. Zum Verständnis von Träumen hat Jung Gesichtspunkte entwickelt, die sowohl die Form wie den Inhalt in Betracht ziehen. Was die *Form*, die Gestalt der Träume anbelangt, so findet sich natürlich alles, vom blitzartigen Eindruck bis zum unendlich langen Traum. Immerhin gibt es eine große Mehrzahl »durchschnittlicher Träume«, in denen sich eine gewisse Struktur erkennen läßt; und zwar ist sie derjenigen des *Dramas* nicht unähnlich (7, S. 252).

Der Traum z. B., den mir ein junges Mädchen erzählte, läßt sich wie folgt gliedern: Er beginnt mit einer Angabe von Ort und Zeit. »Ich bin am Abend auf einem großen Platz der Stadt, wo ich wohne«. Dazu kommt eine Angabe betr. handelnde Person. »Ich sehe viele Leute, darunter einen Polizisten«. Dies ist die *Exposition*. Sie gibt die Ausgangslage an.

Die zweite Phase ist die der *Verwicklung*: »Der Polizist kommt auf mich zu und frägt mich nach meinen Ausweisen.« Die Situation wird hier irgendwie kompliziert, und es tritt eine gewisse Spannung ein, da man nicht weiß, was es jetzt geben soll.

Die dritte Phase ist die der *Peripetie*. Hier geschieht etwas Entscheidendes, oder es schlägt etwas um: »Der Polizist beurteilt meine Ausweise als ungenügend und verhaftet mich.«

Letztlich kommt die vierte Phase, die *Lysis*: »Der Polizist besteigt mit mir die Straßenbahn und fährt mit mir ins Gefängnis.«

Tatsächlich war das Mädchen am Abend vor der Konsultation wegen Verdacht auf Strichgang von der Polizei verhaftet und in die Frauenklinik in Gewahrsamkeit gebracht worden, von wo aus es mir zur Untersuchung überwiesen wurde. Den Traum, in der Nacht vor der Verhaftung geträumt, erzählte sie mir als »prophetischen Traum« und tat sich allerhand darauf zugute. So ist es eben oft mit prophetischen Träumen: Wenn das Unbewußte warnt und man nicht hört (»so du weiterfährst, wirst du als Dirne verhaftet«), dann tritt das Unheil ein, und Stolz auf die Gabe prophetischer Träume ist höchst unangebracht, Scham über die eigene Dummheit wäre besser. Die Fahrt mit der Straßenbahn deutet als »Reise« aber doch die Chance einer *psychologischen Zustandsänderung* (Wandlung) unserer Patientin an (9, S. 223). Psychologisch stellte ich deshalb die Diagnose einer »besserungsfähigen Verwahrlosten« und gab entsprechende Ratschläge.

Bei komplizierteren Träumen erleichtert die hier an einem einfachen Beispiel gegebene dramatische Anordnung oft das Verständnis ungemein. Sie ist aber nicht nur technisch nützlich, sondern auch dem Wesen des Traumes gemäß. Intentionalität des Unbewußten und Ablauf des Traumes in der Zeit (mit Beginn und Ende) werden am besten als Drama aufgefaßt, so daß man geradezu sagen kann, Träume sollten genauso verstanden werden, wie man ein Drama versteht. Daß Verstehen aber weder »Deuten« noch »Interpretieren« heißt, erkennt jeder, der einmal z. B. Shakespeares »Hamlet« auf der Bühne gesehen hat und vom tiefen Sinn dieses Meisterwerks berührt war. Allerdings bedarf auch das Verständnis der Vorbildung, und nicht jeder Südsee-Insulaner wird den »Hamlet« verstehen, sogar wenn er – was unabdinglich – vorher Englisch gelernt hat.

Was den Traum-*Inhalt* anbelangt, ist natürlich längst nicht immer so leicht ein Verständnis möglich wie in dem gegebenen Traumbeispiel. Nach Anordnung des Traumes in der Dramaform sollte aber immer sorgfältig genug, und unter Beachtung der aktuellen Situation, nach einem direkten Verständnis gesucht werden. Dieser Weg ist doch häufiger erfolgreich, als man gemeinhin glaubt. Vor allem einfache und unmittelbare Fragen sollten nicht übersehen werden. Steht z. B. im Traum der Träumer bei einem Menschen, so kann man fragen: Vielleicht sollten Sie diesem Menschen beistehen. Oder zeigt sich im Traumerlebnis im Hintergrund eine schöne Aussicht, so darf man bemerken: Ihre Lage scheint aussichtsreich zu sein. Gelingt jedoch kein unmittelbares Verständnis, so ist der Sinn mittels des von Jung als *Amplifikation* (14, S. 564) bezeichneten Vorgehens zu suchen. Auf die Freudsche Idee, den Patienten assoziieren zu lassen, muß dabei keineswegs verzichtet werden. In der Jungschen Psychotherapie wäre aber freies Weiterassoziieren nur dann zu dulden, wenn es sich eventuell zeigt, daß hier das wesentliche Anliegen des Patienten ist. Es kann ja vorkommen, daß ein Patient bei irgendeiner Traumgestalt zu assoziieren beginnt, rasch frei weiterassoziiert und bei einem Thema landet, das zwar mit dem Traum überhaupt nichts mehr zu tun hat, aber das Kernproblem des Patienten berührt. Dann hat die Besprechung des Traumes lediglich als Katalyt gewirkt (weshalb, wird sich vielleicht erst viel später zeigen), und es ist ein ganz anderes Gebiet erschlossen worden. Für gewöhnlich soll aber darauf gehalten werden, daß zur Traumgestalt oder zur Traumsituation assoziiert wird. Durch dieses Verfahren, ein Kreisen der Assoziationen um den Traumbefund, wird die unverständliche Traumgestalt fortlaufend ersetzt durch verständlichere Gestalten. Erscheint z. B. in einem Traum ein riesengroßer Ozeandampfer in einem kleinen Flüßchen, so kann gefragt werden: Gleicht nicht ein Schiff dem auf dem Meer des Unbewußten fahrenden Bewußtsein? Ist nicht ein Ozeandampfer ein kollektives Schiff für viele; handelt es sich nicht um ein kollektives Bewußtsein? Ist dieser Ozeandampfer im kleinen Fluß nicht ein Monstrum, das da gar nicht hingehört, das den kleinen Fluß verstopft? Der kleine Fluß mit seinen Ufern entspricht, gemessen an der Unendlichkeit des Ozeans, einer Individualität. So, wie die Wasser vieler kleiner Flüsse im Ozean zusammenfließen, bildet ja auch die Einzelindividualität das Kollektiv. Erdrückt eventuell ein monströses kollektives Bewußtsein die Individualität des Träumers? Das würde heißen, daß der Träumer in Rücksicht auf die (immer monströse!) öffentliche (also kollektive) Meinung eine individuelle Entwicklung scheut, was dann mit ihm zu besprechen wäre. Der umfassende und bewahrende Aspekt des Ozeandampfers läßt auch daran denken, ob hier nicht auch ein mütterliches Moment vorliegt, und ob der Patient vielleicht seine Angst vor der öffentlichen Meinung von der Mutter her hat. Selbstverständlich sind im Amplifikationsverfahren in erster Linie die Assoziationen des Träumers wichtig, aber auch der Therapeut darf ruhig seine Gedanken beitragen. Mindestens so wichtig ist es, den Traumsinn konsequent auf die aktuelle Situation des Träumers zu beziehen, da gesehen werden muß, wo der Traum kompensatorisch eingreift.

Bei Kinderträumen meist vorwiegend, bei schwereren klinischen Fällen, aber ab und zu auch in leichteren Fällen, genügt es manchmal, wenn der Therapeut den Traumsinn spontan oder mittels Assoziation bzw. Amplifikation begreift und aus dem Verständnis heraus reagiert. Ein einfaches Beispiel: Ein Sanatoriumspatient, dessen soziale Situation ganz zerfahren ist und der an einer Angstneurose leidet, erzählt am Morgen der Krankenschwester, er habe die ganze Nacht geträumt, er müsse sein Zimmer reinigen; unentwegt habe er gescheuert. Dies wird dann dem Arzt rapportiert. Auf der Arztvisite berichtet der Patient dem Arzt, er plane, am Nachmittag einen Anwalt beizuziehen, um endlich einmal seine Lage zu bereinigen. Der Arzt wird diesen Plan eher befürworten, wenn er an den Traum des Patienten denkt. Er braucht nur zu assoziieren reinigen/bereinigen, kann dem Patienten eine gewisse Sicherheit, die in Anbetracht der Angstneurose recht wesentlich ist, vermitteln, und darf auf Traumbesprechung sowie auf weitere Assoziationen verzichten. Denn er hat durch Verständnis (nicht Deutung!) des Traumes die richtige Einstellung, die ihm erlaubt, einen Rat nicht nur als guter Freund, sondern als Fachmann zu geben.

Die Amplifikation, ein Annäherungsverfahren, in welchem der Traumbefund durch bildhaften Vergleich von möglichst vielen Seiten her beleuchtet wird, darf nicht darüber hinwegtäuschen, daß der eigentliche Traumsinn immer im Traumbilde selbst liegt; zu diesem ist deshalb immer wieder zurückzukehren. In der Amplifikation wird aber auch sichtbar, daß aus dem Unbewußten keineswegs nur Fragen auftauchen, die aus der rein persönlichen Vorgeschichte des Träumers herkommen und die verdrängt oder vergessen wurden. Gewiß können Schlüsse, die wir nicht zogen, oder die übersehene Bedeutung einer aktuellen Situation (wie im Falle unseres Angst-Neurotikers, der den Anwalt beizog) zu Träumen Anlaß geben. Affekte, die wir uns nicht gestatteten, und Kritiken, die wir unterdrückten, gehören auch zu solchen Traumquellen. Wenn aber Einer durch die öffentliche Meinung in seiner individuellen Entwicklung behindert wird, so ist damit ein Problem berührt, das längst nicht nur für ihn existiert. Im Verlaufe der Lebensentwicklung können Fragen größter Bedeutung an das Individuum herantreten, und dann kann es vorkommen, daß der Mensch nicht vorbereitet ist. Es braucht einer z. B. keineswegs ein empfindlicher, egoistischer Knäuel von persönlichen Wünschen und Ambitionen zu sein, um das Problem der »öffentlichen Meinung als Monstrum« zu empfinden.

Er wird dieses Problem auch nicht rein persönlich und endgültig lösen können, denn er steht hier vor einer Frage, die für die anderen, ja sogar für viele und vielleicht für alle wichtig ist. Und eine Antwort des Einzelnen ergibt eine unbedingte, verpflichtende und unauflösbare Gemeinschaft mit der Welt (3, S. 99).

Insbesondere in der Traumanalyse zeigt sich so, daß im Unbewußten ein persönlicher und ein kollektiver Bezirk unterschieden werden muß. Jung unterscheidet deshalb ein *persönliches und ein kollektives Unbewußtes.* Die Vorgänge im kollektiven Unbewußten beschäftigen sich ganz besonders auch mit der Beziehung des Menschen zur Gesellschaft und zur menschlichen Gemeinschaft überhaupt (3, S. 101). Die aus dem kollektiven Unbewußten auftauchenden Traumbilder sind dann besonders bedeutsam und »monströs« (wie eben z. B. unser Ozeandampfer am falschen Orte), wenn die Frage, welche die unbewußte Reaktion auslöste, allgemein und unpersönlich ist.

Ganz allgemein – und ohne bindende Schematik – lassen sich bei der Untersuchung von Träumen *vier Gruppen* unterscheiden (37), wobei die ersten drei Möglichkeiten zusammengehören, während eine vierte Gruppe eine Sonderstellung einnimmt. Erstens kann ein Traum die Reaktion des Unbewußten auf eine bewußte Situation darstellen. Es weisen dann die Trauminhalte deutlich auf einen Tageseindruck hin, und sie ergänzen den Tageseindruck. Solche Träume kommen nie zustande ohne den bestimmenden *Eindruck des Vortages.* Zweitens kann eine gewisse *Spontaneität* des Unbewußten bestehen. Es ist dann nicht die bewußte Situation, die mehr oder weniger unzweifelhaft den Traum hervorgelockt hat. Hierdurch entsteht ein Konflikt zwischen der bewußten Situation und den unbewußten Strebungen (der Träumer denkt: ich will das oder jenes tun, der Traum sagt: du willst es nicht tun). Der Traum kann drittens auf eine grundlegende *Veränderung der bewußten Einstellung* abzielen. Es handelt sich hier um bedeutsame und eindrückliche Träume; die Assimilation ihres Inhalts ergibt eine vollständige Umstellung der Einstellung. Bei allen drei Gruppen läßt sich eine deutliche Beziehung zum Bewußtsein erkennen, wobei von der ersten zur dritten der Akzent immer weniger auf der bewußten, und immer stärker auf der unbewußten Seite liegt. Immerhin haben alle drei Gruppen den Charakter einer *Kompensation* des Bewußtseins. Es ist bei solchen Träumen jeweils noch zu untersuchen, ob die auftretenden Bilder sich auf die eigene Psyche des Träumers (Deutung auf der *Subjektstufe*, 16, S. 673), oder ob sie sich auf objekt-reale Personen und Verhältnisse seiner Umgebung (Deutung auf der *Objektstufe*, 16, S. 647) beziehen. In unserem Beispiel vom Ozeandampfer ist das Große, Allgemeine, das deshalb jedermann angeht (der Dampfer) in monströser Weise falsch, d. h. der Dampfer ist statt auf dem Meer in einem Flüßchen. Es ist dann zu untersuchen, ob der Dampfer, d. h. nach unserer (vermutungsweisen) Untersuchung die öffentliche Meinung, tatsächlich so indiskret und vordringlich ist, daß sie die Entwicklung des Träumers verunmöglicht. Bei dieser Deutung auf der Objektstufe müßte man dem Träumer sagen: Das sollten Sie sich gar nicht gefallen lassen, privat können Sie immerhin noch tun, was Sie wollen; halten Sie den englischen Grundsatz »My house is my castle« hoch. Es könnte aber auch der Fall sein, daß der Träumer der öffentlichen Meinung gegenüber viel zu offen und zu empfänglich ist, daß er auf sie hereinfällt, und während er empfindet, daß sie zu ihm eindringt und ihn stört, hat er sich selbst viel zu sehr auf sie eingelassen. Dann muß man ihm sagen: Sie müssen unbedingt ihren Standpunkt bewahren, Sie sollten nicht meinen, weil die öffentliche Meinung ein Ideal vorschreibt, müsse sich Ihr ganzes Privatleben nach diesem Ideal richten. Bei einer solchen Deutung auf der Subjekt-Stufe ist ebenfalls ein Grundsatz hochzuhalten: Das kollektive Ideal ist keineswegs – wie oft vorgegeben wird – eine Norm, sondern nur mehr oder weniger ein Durchschnitt aus der Summe der vielen individuellen Möglichkeiten, und jeder muß schließlich doch seine eigene individuelle Lösung finden. Bei unserem Traum, wie übrigens meistens, sind beide Deutungen möglich und sinnvoll, und bei näherer Untersuchung wohl auch beide teilweise berechtigt. Man muß sich überhaupt das vielfache Gesicht des Traumes vor Augen halten: Janusköpfig schaut er nach innen und nach außen, aber z. B. auch in Vergangenheit und Zukunft.

Vorzüglich in die Zukunft schaut jedoch eine vierte Gruppe von Träumen. Ein Traum kann nämlich einen unbewußten Vorgang darstellen, welcher keine Beziehung zur bewußten Situation erkennen läßt. Träume dieser Art sind merkwürdig und wegen ihres eigenartigen Charakters häufig schwer zu verstehen. Oft wundert sich der Träumer sehr über einen solchen Traum, oft ist er geradezu überwältigt. Solche Träume werden oft ein

Leben lang im Gedächtnis behalten, und nicht selten bilden sie das Kernstück in der Schatzkammer seelischer Erlebnisse (7, S. 246). Manchmal sagt der Träumer spontan in einer ersten Konsultation beim Therapeuten: »Ich habe einmal einen Traum gehabt«, und meint dann »seinen *großen Traum*«. Denn so, als große Träume, werden derartige Träume z. B. bei gewissen Primitiven bezeichnet. Solche Träume weisen oft weit in die Zukunft; sie sind dann ein Schicksalsbild, das manchmal erst Jahrzehnte später verstanden werden kann, oder dann erscheinen sie auch vor dem Ausbruch von Geisteskrankheiten, wo plötzlich ein Inhalt hervorbricht, der den Träumer tief beeindruckt, auch wenn er ihn nicht versteht. Es findet sich in diesen Träumen auch die Besonderheit, daß in ihnen symbolische Gebilde vorkommen, denen wir auch in der Geschichte des menschlichen Geistes begegnen; der Träumer braucht von der Existenz solcher Parallelen keine Ahnung zu haben. Ganz besonders deutlich wird aber gerade durch diese vierte Gruppe von Träumen, daß es im Unbewußten – wie bereits bemerkt – neben einer persönlichen Schicht, dem persönlichen Unbewußten, eine kollektive Schicht, das kollektive Unbewußte, gibt. Zu den allgemeinen Eigenschaften des Unbewußten, wie wir sie bei der »Luminositas« und beim Komplex kennen lernten, fügt die Untersuchung der Träume also ein *strukturelles Moment* hinzu.

Die Phantasie

Aus dem Unbewußten auftauchende Vorstellungen und Gedanken, wie sie die im Schlafe sich zeigenden Traumbilder sind, können auch im Wachzustand auftreten. Wir nennen sie dann Phantasien. Wird die *Phantasie* näher untersucht, so ist zunächst eine Tatsache zu beachten, die auch bei den Träumen eine Rolle spielt, die wir aber dort in unserer Betrachtung vernachlässigt hatten. Bei den Träumen hat Freud bekanntlich einen *manifesten* und einen *latenten Sinn* unterschieden. Im Verfahren der Amplifikation ist hingegen immer und grundsätzlich dem manifesten Traumbild der eigentliche Sinn zugeordnet (d. h. der Traum ist genau das, was er ist, sowohl als Naturtatsache, wie als Sinn-Aussage), während jede Interpretation lediglich ein Umkreisen des Traumbildes mit der Absicht besseren Verständnisses sein muß. Hier wäre nun einzuwenden, daß ein derartiger Gesichtspunkt wohl berechtigt ist für den Traum als Natur-Tatsache, daß aber gerade diese Natur-Tatsache gar nicht direkt untersucht werden kann. Vom Träumen ist ein recht weiter Weg bis zu dem Traum, der untersucht wird. Der untersuchte Traum wird zunächst erinnert, dann wird er eventuell aufgeschrieben oder später aus sekundärer Erinnerung erzählt. Hier schaltet sich nun das habituelle Bewußtsein ein. Genau so wie die Erzählung eines Erlebnisses keineswegs immer mit dem erlebten Ereignis übereinstimmt, genau so steht es mit dem Material, das wir als »manifesten Traum« beurteilen können. Auch bei ernsthafter Bemühung des Träumers spielen seine Ausdrucksfähigkeit und seine Darstellungsgabe eine erhebliche Rolle. Das eigentliche Traumerlebnis ist tatsächlich »latent«, da der »manifeste Traum« bereits durch Reden, eventuell durch Schreiben in die Sprache übersetzt ist, ausnahmsweise vielleicht als Bild gemalt oder gezeichnet dargestellt wird, wobei auch hier die Fähigkeit des Träumers zur Objektivität und zur Darstellung ins Gewicht fällt.

Während wir nun aber bei den Träumen diese Tatsache zwar im Auge behalten, aber doch nicht in den Mittelpunkt der Betrachtung stellen müssen, spielt sie bei dem Grenzphänomen des Unbewußten, das im Wachzustand auftritt, und das wir Phantasie nennen, eine viel wesentlichere Rolle. Es ist in erster Linie zu untersuchen, wie groß der Anteil des gestaltenden Bewußtseins an einer Phantasie ist. Selbstverständlich finden sich auch hier alle Abstufungen, aber grundsätzlich sind doch zwei Formen von Phantasie zu unterscheiden, die *passive* und die *aktive Phantasie* (16, S. 648). Die *passive Phantasie* ist vorwiegend von der unbewußten Seite her getönt. Bei völlig passiver Einstellung des erkennenden Subjekts tritt sie spontan auf, und sie steht deshalb in ihrer Erscheinungsweise dem Traume nahe. Man möchte annehmen, daß die Tendenzen des Bewußtseins und des Unbewußten bereits erheblich divergent sein müssen, bis passive Phantasien möglich sind. Denn ein einigermaßen zusammengehaltenes Tagesbewußtsein setzt dem Eindringen spontaner, vom Unbewußten angeregter Phantasien einen erheblichen Widerstand entgegen. Unsere Annahme trifft vielleicht dann zu, wenn das Bewußtsein in Klarheit und gerichtet angewandt wird, sei es zur Tätigkeit oder auch zur Orientierung. Während des Wachzustandes ist nun aber das Bewußtsein auch normalerweise nicht immer auf derselben Stufe. Je nach innerer Anspannung oder äußerer Anregung unterliegt es fortlaufend Schwankungen, die Janet als *»les oscillations du niveau mental«* (44, S. 358) beschrieben hat. Insbesondere dann, wenn die Bewußtseinsspannung absinkt *(»l'abaissement du niveau psychologique«)*, z. B. in der »siesta« nach dem Mittagessen, in der Bahn auf der Fahrt zur Arbeit, vor allem aber vor dem Einschlafen, hat das Unbewußte die Neigung, sich durch das Grenzphänomen der Phantasie zu zeigen. Künstlich wird ja in der Psychotherapie auf diesem Wege, mittels der Narkoanalyse, die ein toxisches Abaissement setzt, der Zugang zum Unbewußten gesucht. Und der Satz »in vino veritas« zeigt, wie hoch seit alters die im äthylischen Abaissement zutage tretenden Aussagen eingeschätzt wurden. Die praktische Erfahrung zeigt, daß passive Phantasien bei sozusagen jedermann vorkommen. Man kann geradezu sagen: In bezug auf seine Psychologie kann man erst dann annehmen, man kenne einen Menschen wirklich, wenn man seine passive Phantasie kennt.

Sofern jedoch die passive Phantasie nicht einseitig den Standpunkt des unbewußten Gegensatzes zum Ausdruck bringen soll, ist eine bewußte *Kritik* sehr anzuraten. Die passive Phantasie ist nämlich eines der wichtigsten Beziehungsmittel (eben ein Grenzphänomen) zwischen dem Bewußtsein und dem Unbewußten. Im Außen finden wir, wie dargestellt, als Beziehungsmittel des Bewußtseins zum Unbewußten den Konflikt, in den die halb-bewußten und halb- bis unverantwortlichen Luminositäten verwickeln. Im Innen finden wir die passive Phantasie. Und so, wie der Konflikt nur dann fruchtbar wird, wenn er ausgetragen wird, so zeigt sich die passive Phantasie nur dann hilfreich, wenn man sie der Kritik unterstellt. So wird sie, gemeinsam mit dem Konflikt, zu einem der wichtigsten normalen Mittel, Bewußtsein und Unbewußtes zum Ausgleich zu bringen und die Einheit der Persönlichkeit zu gewährleisten. Und sie ist es natürlich längst schon gewesen, bevor es »Psychotherapie« gab. Die Kritik der passiven Phantasie ist jedoch kein ganz einfaches Unterfangen. Wenn nämlich Bewußtsein und Unbewußtes in ihren Tendenzen erheblich divergieren, dann wird die passive Phantasie vom Bewußtsein höchst ungnädig empfangen. Sie wird als anstößig, als unanständig und zugleich als eigenartig beunruhigend empfunden, und sie wird deshalb verworfen. Verwerfen heißt, wie überall, wenn Nicht-Passendes, Inkompatibles in Erscheinung tritt, Unterdrückung. Die passive Phantasie ist jedoch recht aufsässig, und besonders im Zustande des Abaissement vor dem Einschlafen setzt sie sich immer wieder durch. Wer sie also unterdrücken will, der ist nicht mehr in der Lage, sich in den wohligen Zustand des Halbschlummers hineingleiten zu lassen, auf den der Schlaf folgt. Sein Bewußtsein, seine »Unterdrückungs-Polizei«, muß immer auf der Wacht stehen. So wird die Tendenz zur Unterdrückung der passiven Phantasie zur hauptsächlichen Ursache der psychogenen Schlaflosigkeit; die allgemeine Zunahme der Anpreisung von Schlafmitteln kann dann z. B. geradezu ein Symptom dafür sein, daß sich die Anzahl uneinheitlicher, *dissoziiert* reagierender Persönlichkeiten in der Gesellschaft vermehrt – nicht zum Vorteil des Friedens unter den Menschen! Bemerkenswerterweise verunmöglicht demnach auch die Unterdrückung der passiven Phantasie, dieses Beziehungsmittels zwischen dem Bewußtsein und dem Unbewußten, den normalen Übergang vom bewußten in den unbewußten Zustand, das Einschlafen.

Die Kritik der passiven Phantasie bedeutet den Anfang der aktiven Phantasie. Fruchtbar wird die Kritik, wenn sie zum *kritischen Verständnis* wird. Bei leichter Divergenz zwischen bewußter und unbewußter Intentionalität ist dies noch relativ einfach. Es besteht dann doch die Möglichkeit, Umschau zu halten und sich zu fragen, ob und wie man die Wünsche verwirklichen könnte, die sich im Phantasieleben zeigen. Hierfür bedarf es selbstverständlich einer Anpassungsleistung an die Wirklichkeit. Wenn z. B. einer sich in der Phantasie immer wieder als großer Volksredner sieht, der mit überzeugenden Argumenten seine Mitbürger, die leider mit Blindheit geschlagen sind, auf den rechten Weg weist, so kann er eventuell feststellen, daß er in Tat und Wahrheit auch dort schweigt, wo er gelegentlich sagen sollte: »Sie haben ganz recht, aber in einem oder zwei Punkten bin ich vielleicht doch nicht ganz einverstanden.« So tönt es nämlich, wenn die Protestneigung, die sich in der Phantasie zeigt, an die Wirklichkeit dieses wohl schüchternen Menschen angeschlossen wird. Es ist immer wieder eindrücklich, ein wie großes Befreiungsgefühl ausgelöst wird, wenn in dieser Weise Bewußt und Unbewußt vereint werden und der Schritt zur Totalität der Persönlichkeit gewagt wird.

Ist die Divergenz von Bewußt und Unbewußt erheblich, so nehmen die passiven Phantasien häufig archaischen Charakter an. Das Archaische ist dann gewissermaßen ein Symptom für ein seit langem vernachlässigtes Beziehungsmittel. Untersucht man solche archaischen Phantasieprodukte mittels des Amplifikations-Verfahrens, so wird aber auch ein Grund der Vernachlässigung sichtbar: Solche Menschen stehen oft vor Fragen, die sehr allgemeinen, den Umkreis ihrer eigenen Person durchbrechenden Charakter haben, und denen sie ausgewichen sind, weil sie die Fähigkeit zur Antwort nicht fühlten. Archaische Phantasiebilder gehören eben zum kollektiven Unbewußten und berühren Schwierigkeiten, denen der Einzelne ohne Hilfe oft nicht gewachsen ist. Auch in der praktischen Psychotherapie sind solche Fälle gar nicht einfach. Wenn ein Patient als faszinierendes, dauernd wiederkehrendes Bild einen gekreuzigten Christophorus vor sich sieht, so kann zwar leicht festgestellt werden, daß hier ein Fehler der Proportion vorliegt. Christophorus ist ja nicht der Gekreuzigte, er ist der, der das Christuskind trägt, so wie der natürliche Mensch sein Eigentliches nicht *ist*, sondern demütig und mit Mühsal *tragen* muß. Mit einer solchen Erklärung ist jedoch dem Patienten noch längst nicht geholfen. Zum Weiterkommen bedarf es meist einer längeren Auseinandersetzung mit dem Therapeuten; aus dieser Beziehung kann dann ein Fortschritt wachsen. Genau wie bei den Träumen wird es aber günstig sein, wenn der Therapeut sich den Sinn eines solchen Christophorusbildes während der Behandlung immer wieder vor Augen hält, denn dadurch wird die richtige therapeutische Einstellung erleichtert. Er hat damit vorläufig, und bis der Patient selbst dazu fähig ist, für ihn jene aktive Haltung eingenommen, in der ein Phantasiebild mit Aufmerksamkeit und mit dem Gefühl für seine Bedeutung betrachtet wird.

In der Kritik der Phantasie und in der aktiven Aufmerksamkeit, die dem Phantasiebild zugewandt wird, ist der aktive Anteil des Bewußtseins bereits deutlich in Erscheinung getreten. Die *aktive Phantasie* kann, was die Aktivität des Bewußtseins anbelangt, alle Abschattierungen umfassen, und sie gehört auf ihrer höchsten Stufe zu den schönsten Äußerungen des menschlichen Geistes. Dann ist sie Ausdruck einer dem Unbewußten gegenüber hingebend-positiven Haltung. Diese Haltung ist auf die Wahrnehmung der Wirkung des Unbewußten im Bewußtsein gerichtet. Alle aus dem Unbewußten auftauchenden Materialien werden durch Assoziation besetzt und zur Klarheit und Anschaulichkeit gebracht. Das Bild, das alle angeht und das zum kollektiven Unbewußten gehört, wird auf die Höhe eines kollektiven Bewußtseins gehoben. Schöpferische Dichter nennen wir mit Recht die, die die Schätze der Tiefe heben und ihnen Gestalt geben. Ihr Werk geht die Menschheit an.

Nicht jeder aber, der als Dichter, bildender Künstler, Musiker, aber auch als Denker, der Grundsätzliches sagen möchte, sich an die Welt wendet, ist wirklich eine echte schöpferische Persönlichkeit. Beim im wahren Sinne schöpferischen Menschen wird das Große des kollektiven Unbewußten direkt in allgemeine Gültigkeit übergeführt. Die persönlichen Schwierigkeiten spielen in die Formulierung nicht wesentlich hinein, jedenfalls nicht in dem Sinne, daß ein echtes Kunstwerk auf die persönlichen Umstände seines Schöpfers zurückgeführt werden könnte. Im Gegenteil, das persönliche Unbewußte und auch das persönliche Bewußtsein mit seinen vielfachen (z. B. familiären oder finanziellen) Problemen, werden gleichsam übersprungen. Deshalb ist eine häufige Schwierigkeit gerade des echten Künstlers eine ungenügende Bearbeitung der persönlichen Sphäre und eine entsprechend tragisch verlaufende Biographie; im Feuer des Großen, das er schuf und das ihn durch seine Gewalt vom persönlichen Bezirk ablenkte, ist er verbrannt. Sobald jedoch eine aktiv gestaltete Phantasie die Allgemeingültigkeit nicht erreicht, kann vermutet werden, daß auch der Inhalt des Dargestellten nicht aus dem kollektiven Unbewußten, das alle angeht, allein herrührt, sondern daß er vermischt ist mit persönlichen Belangen. Viele Dichtungen, Bilder und andere Werke, die deren Verfasser für die Öffentlichkeit bestimmt hat, sind dort durchaus am falschen Orte. Bedeutend sinnreicher wäre es in solchen Fällen, das Werk als Grenzphänomen des Unbewußten aufzufassen und auf das Bewußtsein des Verfassers zu beziehen. Interpretiert, wie man einen Traum interpretiert, könnte es ihn vielleicht vor manchen Konflikten, die sein komplexhaftes, aus der Luminosität geborenes Verhalten verschuldet, bewahren.

Diese letztere Überlegung hat Jung veranlaßt, die aktive Phantasie therapeutisch zu verwenden. Er hat sein Vorgehen als *aktive Imagination* bezeichnet (14, S. 563), wobei die Phantasien entweder einfach festgehalten werden sollen, wie bei Träumen, oder auch künstlerisch – jedoch nur zum persönlichen Gebrauch – gestaltet werden können. Dabei hat sich insbesondere das Malen von Bildern (12, S. 95) bewährt; es entspricht jedoch auch eventuell eher dem Temperament des Menschen, wenn er dichtet, musiziert oder gar tanzt.

Bei den Ergebnissen der aktiven Imagination stehen wir wieder vor denselben praktischen Fragen wie beim Verständnis der Träume. Insbesondere ist es ja möglich, daß schon das Imaginieren an sich auf die Entwicklung des Individuums günstig einwirkt – man weiß nie, was wirkt, und alles kann günstig wirken. In der Regel sollte aber doch das Ergebnis der aktiven Imagination auf seinen Inhalt untersucht und das Ergebnis auf das praktische Leben angewandt werden. Wenn einer sich vorstellt, daß er dasteht und einfach zusieht, wie ein anderer, ihm vielleicht nahestehender Mensch in großer Gefahr ist, so muß man sich sofort fragen, ob er dasselbe – mit oft gar nicht so sehr veränderten Vorzeichen – nicht auch im realen Leben tut. Dann ist darauf zu dringen, daß er sich in Bewegung setzt und hilft, denn ohne die reale Verwirklichung in der Tat erfüllen auch die schönsten Imaginationen ihre eigentliche Bestimmung nicht, ein Beziehungsmittel zu sein zwischen Unbewußtem und Bewußtsein.

Die Projektion

Die *Projektion* ist die Phantasie des Subjekts über das Objekt. Dort, wo ein klares und verantwortliches Bewußtsein urteilt, findet keine Projektion statt. Wenn aber ein Urteil aus halbbewußten und nur bedingt verantwortlichen Bewußtseinsbezirken, aus der Luminosität, entspringt, ist es vermengt mit phantastischen Anteilen aus dem persönlichen Unbewußten des Urteilenden, oder aus dem kollektiven Unbewußten. Da die Luminosität in der persönlichen Psychologie des Urteilenden, divergierend vom klaren Bewußtsein, Komplexcharakter hat, ist auch das phantastische, projizierende Urteil komplexhaft: Wer projizierend urteilt, urteilt affektbetont. Deshalb ist jede Ansicht über Tatbestände oder Personen, die im Affekt, heiße er nun Zorn oder Begeisterung, vorgebracht wird, verdächtig auf eine Projektion des Urteilenden, die über ihn viel und über das beurteilte Objekt sehr wenig aussagt.

Die Herkunft der Projektion aus halbbewußten Dunkelheiten des Bewußtseins führt, wenn sie näher untersucht wird, zu Erkenntnissen über die Entwicklung der Beziehung von Subjekt und Objekt. Jung hat diese Frage in der Entwicklung des Individuums, von der Kindheitsstufe an, untersucht. Er hat aber seine Fragestellung auch auf die Entwicklung des menschlichen Bewußtseins ganz allgemein ausgedehnt und hat zu diesem Zweck 1924/25 Reisen zum Studium der primitiven Psychologie zu den *Pueblo-Indianern* in Arizona und New Mexiko, USA, sowie 1925/26 eine ausgedehnte Forschungsreise zu den *Elgonyi auf Mount Elgon*, Britisch-Ost-Afrika, unternommen (47, S. 618).

Zunächst hat man ja den Eindruck, daß das *Subjekt* mit der projizierenden Phantasie über das *Objekt* sich gewissermaßen Inhalte entfremde und diese dem Objekt einverleibe. Es können peinliche und deshalb abgelehnte (inkompatible) Inhalte auf dem Wege der Projektion »erledigt« werden, eventuell aber auch positive Werte, die dem Subjekt aus irgendwelchen Gründen, z. B. infolge Selbstunterschätzung, unzugänglich sind. Diese Hypothese ist zwar didaktisch, in der Psychotherapie oder für die Selbstkritik durchaus zweckmäßig, sofern sie nicht allzusehr dazu verleitet, Projektion mit moralischem Versagen gleichzusetzen. Die tatsächlichen Verhältnisse bei der Projektion liegen nämlich beträchtlich anders, ja nahezu umgekehrt. Sie stehen im engsten Zusammenhang mit der Entwicklung des Bewußtseins von einem ursprünglich-unbewußten (archaischen) zu einem klar bewußten Zustande. Der ursprüngliche Zustand, wie er sich bei Primitiven oder auch bei kleinen Kindern allgemein, bei dem Erwachsenen aber immer dort, wo dieser unbewußt ist, findet, ist der einer vollständigen Identität von Objekt und Subjekt. Kind und Eltern, bei ruhigen Verhältnissen z. B. auch der Bürger und seine Heimat sind untrennbar verwoben, und ein Bewußtsein über die gegenseitigen Beziehungen besteht höchstens im Schwanken der Affektivität nach oben und unten (oft ist man sehr zufrieden, oft wieder weniger). Bei Primitiven vollends besteht ein derart vorwiegendes, unbewußtes Gleichsein des Menschen mit seiner Umgebung, daß diese primitive Haltung von dem französischen Forscher Lévy-Bruhl, an den Jung sich anschließt, als *»participation«* bezeichnet wurde (50). Die Partizipation ist die uranfängliche, vollständige Ununterschiedenheit von Subjekt und Objekt, also der primordiale, gänzlich unbewußte Zustand. Ansätze zu ihrer Auflösung zeigen sich in den erwähnten Schwankungen der Affektivität.

Auf der Partizipation beruht auch beim Kulturmenschen z. B. das naive Vorurteil, daß die Psychologie des Einen gleich sei der des Anderen, daß überall dieselben Motive gälten, daß, was mir angenehm ist, selbstverständlich für den Anderen auch ein Vergnügen sei, daß, was für mich unmoralisch ist, auch für den Anderen unmoralisch sein müsse, usf. Auf der Partizipation beruht auch die Möglichkeit der Suggestion und der psychischen Ansteckung (16, S. 636). Beim Kulturmenschen betrifft sie natürlich nicht das Ganze der Beziehung von Subjekt und Objekt, sondern nur gewisse Fälle, in denen das Phänomen dieser eigenartigen Bezogenheit auftritt; auch bei Kindern und Primitiven herrscht sie nicht ganz absolut, da ja ein vollständiges Vorherrschen der Partizipation gleichbedeutend sein müßte mit vollständiger Unbewußtheit.

Sobald die Schwankung der Affektivität in der Partizipation einseitig nach einer Seite ausschlägt, drängt sie zur Auflösung, indem sie der Kritik unterstellt wird. Im Wesen der Kritik liegt es, daß negative Schwankungen eher berücksichtigt werden; positive Schwankungen sind durch das Verführerische, das ihnen anhaftet, bedeutend schwerer zu fassen und nicht immer ungefährlich. Wenn z. B. der Bürger seine Heimat nicht mehr »oft gut, oft weniger gut« findet, sondern eindeutig darüber erregt ist, daß etwas nicht in Ordnung ist, so kann er die Projektion, die bis dahin eine Partizipation war, »hereinholen«. Er kann erkennen, daß er enttäuscht darüber ist, daß die Heimat nicht in dem Ausmaße das »Bewahrende« ist, wie er gehofft hatte. Er kann aber auch erkennen, daß nicht die Heimat bewahrt, sondern daß der Bürger die Heimat bewahren muß. Sie ist ja Natur, und ihre Bewohner müssen sie innen gestalten und nach außen beschützen. Da die Heimat ein Großes und Allgemeines ist – weshalb die unbewußte Partizipation des Bürgers mit ihr nicht mit dem persönlichen Unbewußten, sondern mit dem kollektiven Unterbewußten verbunden ist –, muß er Gemeinschaft mit anderen suchen. Schlägt hingegen die Affektivität nach der positiven Seite aus, so wird dem Bürger die Heimat zum gottähnlichen Idol; bekanntlich ist die nationalistische Begeisterung ein böser Verblender. Deshalb wäre eben zu raten, daß jedes affektiv betonte Urteil der Kritik unterstellt wird.

Die Notwendigkeit der Kritik der Partizipation tritt grundsätzlich dann ein, wenn die Identität des Subjekts mit dem Objekt störend wird. Die Störung entsteht dadurch, daß das Individuum über etwas unbewußt ist, über das eine Bewußtheit entstehen sollte. Jetzt, im Momente der Störung – aber erst jetzt – darf man nämlich von Projektion sprechen. In unserem Beispiel hat der Bürger bis zum Moment der Kritik keine Vorstellung davon gehabt, was »bewahren« heißt. Ohne weiteres Nachdenken gab er der Heimat, was er seit langem gegeben hatte, und nahm entgegen, was sie zu bieten hatte. Das Geben und Nehmen spielte hin und her, und niemand sprach davon, wer wen bewahrt. Im Momente der Kritik sollte der Bürger erkennen, daß er das »Bewahren« einfach auf die Heimat projiziert hatte – so erscheint es jetzt –, und daß er ein verantwortliches Bewußtsein darüber entwickeln müßte, was Bewahren heißt, und wie Rechte, Pflichten und Möglichkeiten verteilt sind. Entwickelt er ein solches Bewußtsein, so hat er den projizierten Inhalt ins Bewußtsein hereingenommen. Damit ist die Projektion (die Störung der Partizipation durch ein Bewußtsein »in statu nascendi«) aufgehoben. Es ist dann auf dem betreffenden Gebiet die Partizipation ersetzt durch eine bewußte Beziehung.

In der Projektion offenbart demnach die Luminosität, das dunkle und nur halb verantwortliche Bewußtsein, eine seiner wesentlichen Eigenschaften. Das Grenzphänomen des Unbewußten ist ein *Wachstumszeichen.* Was erst ganz unbewußt ist, wird im Halbdunkel des keimenden Bewußtseins am anderen vermutet. Es zeigt sich als Phantasie über etwas, das vorher gar nicht erkannt war – mit dem man partizipierte –, und zunächst besteht noch eine unklare Vermengung von Erkenntnis des Objekts und Selbsterkenntnis. Die Kritik, welche durch die affektive Bewegung hervorgerufen wurde, kann jedoch zum Fortschritt führen.

Projektion ist erfahrungsgemäß mit Vorliebe in Konfliktsituationen vorhanden. Aufgeregt oder bekümmert leidet man unter den Fehlern der anderen, welche man doch eigentlich bei sich selbst suchen sollte. Natürlich wird dort projiziert, wo ein passendes Häkchen da ist, um die eigene Dunkelheit anzuhängen, aber es erweist sich doch immer wieder als wahr, daß im Auge des anderen vielleicht ein Splitter, im eigenen aber ein großer Balken zu finden ist – wohl vom gleichen Holz! Die Beziehung der Projektion zum Konflikt und zur eigenen Dunkelheit ergibt folgendes Bild der Grenzphänomene des Unbewußten: Durch ungenügend verantwortliches Verhalten, das ungenügend bedacht (luminös) ist, kann man in Konflikte verwickelt werden. Im Konflikt erfährt man die Eigenschaften und die Wirklichkeiten der eigenen Unbewußtheit. Deshalb nannten wir den Konflikt ein Beziehungsmittel des Bewußtseins zum Unbewußten. Die passive Phantasie ist ein zweites, nach innen gerichtetes Beziehungsmittel. Wird sie nach außen gerichtet, wozu insbesondere im Konflikt reichlich Gelegenheit ist – wo man über sein Gegenüber phantasieren kann –, so tritt sie als Projektion in Erscheinung. Dies ist für die psychische Entwicklung günstig. Der passiven Phantasie für sich allein mangelt leicht die Beziehung zum Anderen, zum Du. Im Konflikt werden die eigentlichen Belange des Ich meist ungenügend berührt. Die im Konflikt projizierte Phantasie aber, die Projektion, verbindet unter dem ursprünglichen Aspekt der Partizipation Subjekt und Objekt zum Ganzen. Die dem Grenzphänomen des Unbewußten anhaftende Affektbetonung kann dann zur Kritik führen; im besten Falle ist diese Kritik Selbstkritik, andernfalls kommt die Kritik von dritter Seite – es war von jeher keine schlechte Lebensregel, in affektbetonten Schwierigkeiten den Rat anderer zu hören oder gar zu suchen. Der Psychotherapeut, der ausdrücklich um *Rat* gefragt wird, muß deshalb erkennen, daß er aller Wahrscheinlichkeit nach hier eine Projektion klären sollte. Gelingt die Klärung, so wird im Subjekt die Erkenntnis über sich selbst und über die Eigenschaften des Objekts vermehrt im Sinne einer echten Beziehung. Und dann hat die Entwicklung des Individuums einen Schritt vorwärts getan.

Dabei muß festgestellt werden, daß der geschilderte Erkenntnisfortschritt keine absolute Wahrheit ist. Er ist eine Wahrheit in dem Sinne, daß der Standpunkt des Betrachters seiner eigenen Individualität und auch den Eigenschaften des Objektes *adäquat* ist, wodurch eben die echte Beziehung möglich wird. *Handelt* das Individuum aus dieser echten Beziehung heraus, so erwächst ihm und seinem Gegenüber das, was der große französische Chirurg Leriche »se sentir compris dans *sa vérité*« (sich in seiner Wahrheit verstanden fühlen) nennt (49, S. 118).

Formal das reinste Bild des Unbewußten, als Grenzphänomen zum Bewußtsein, geben die Träume, die sich bei ausgeschaltetem Tagesbewußtsein manifestieren und deshalb lediglich durch die Störung seitens der habituellen Bewußtseinshaltung beeinflußt werden, die während des Erinnerns, Erzählens und evtl. des Aufschreibens auftritt. Sie eignen sich deshalb vorzugsweise zur Untersuchung des individuellen Standpunktes des Träumers. Aber auch bei der Traumanalyse ist die aktuelle Situation mit ihren Konflikten und Projektionen sorgfältig und im Hinblick auf verantwortliches Handeln in Betracht zu ziehen – anders bleibt sie im Leeren.

Da eine echte Beziehung aus der Dunkelheit der Partizipation durch die Projektion zur Klarheit wächst, ist die Frage der Projektion auch für den Psychotherapeuten persönlich wesentlich. Die Projektion, so wie wir sie schilderten, als passive Phantasie über das Gegenüber, ist nun eine grundsätzlich »passive« Projektion, der wir – genau wie bei der Phantasie – eine *aktive Projektion* entgegenstellen können. Die aktive Projektion ist ein Bestandteil des Einfühlungsaktes (16, S. 658). Um sich von ihr leiten zu lassen, sollte eine Haltung eingenommen werden, die Leriche wie folgt umschreibt: »Ich bin spontan, instinktiv, ich passe mich dem Seelenzustand, den ich wahrnehme, an, ich handle spontan und nehme den Kranken genau so wie er ist.« Zu dieser Haltung sollte sich eine ausgedehnte Kenntnis dessen gesellen, was Gültiges über den Menschen ausgesagt wurde. Dann ist dem Therapeuten eine sinnreiche aktive Projektion möglich. Er kann erkennen, daß ihm der andere wie ein »verlorener Sohn«, wie eine »Ophelia« oder gar wie »ein sonderbarer Heiliger« vorkommt. Wenn er diese Einfühlungs-Phantasien ernst nimmt, hat er sofort spontanen Kontakt mit dem Patienten, was häufig von überaus großer therapeutischer Wirksamkeit ist. Unterstellt er darüber hinaus seine aktive Projektion der Kritik (diese ist selbstverständlich bei der aktiven Projektion genau so angezeigt wie bei der passiven), so erreicht er eine echte und bewußte Beziehung zum Patienten, aus der heraus er den anderen in seiner individuellen Wahrheit verstehen kann.

IV. Die psychische Energetik

Aus den vorangehenden Ausführungen über das Unbewußte und seine Grenzphänomene zum Bewußtsein ergibt sich ein dynamisches Bild, das berechtigt, das seelische Phänomen unter dem Gesichtspunkt des *Energiebegriffs* zu betrachten. Erneut ist hier davor zu warnen, einen Begriff wie den Energiebegriff für eine Sache zu halten. Ein Begriff umschreibt einen Gesichtspunkt, der ein passendes Verständnis des beobachteten Phänomens erlaubt. Die erheblichste Schwierigkeit des begrifflichen Denkens beginnt jedoch dort, wo man glaubt, man habe ein Problem voll und ganz erfaßt, wenn man sich einen Begriff davon gemacht hat. So zeigt auch der Energiebegriff das seelische Phänomen nicht in seiner Totalität, sondern nur unter einem bestimmten Aspekt.

Schon bei unbefangener Beobachtung erweist es sich aber, daß der Energiebegriff in der Phänomenologie der Seele durchaus am Platze ist. Genau so nämlich, wie es physisch kräftige und physisch schwache Menschen gibt, gibt es auch seelisch starke, d. h. energische Charaktere, und Charaktere, die seelische Schwächlinge sind. Jung hat die Anschauung über die seelische Energie in ihren Vorstufen, bei primitiven Völkerstämmen, verfolgt, wobei er vor allem (7, S. 112) auf die Forschungen von Codrington (35, S. 118) bei den Melanesiern verweist. Die Melanesier glauben an eine Kraft von nicht physikalischer, sozusagen übernatürlicher Qualität, die sie *Mana* nennen. Das Mana ist nirgends fixiert und kann überallhin geleitet werden. Eine ähnliche Vorstellung einer »Kraft« (Energie) bilden wir uns ja spontan, wenn ein Starker einen Schwachen führt und ihm »seelische Energie zuführt«. In der Psychotherapie ist diese energetische Beziehung unter Menschen häufig als wichtig in Betracht zu ziehen. Die Diagnose eines »Schwachen«, der geführt werden muß, oder eines »Starken«, der der Beschränkung bedarf, liegt oft auf der Hand. Bei länger dauernder Behandlung darf jedoch nicht vergessen werden, daß die »Subjekt-Objekt-Beziehung« zwischen Therapeut und Patient ein *Ganzes* bilden soll, so daß gewissermaßen *Symmetrie* gefordert werden muß. Das heißt, daß der Therapeut, der z. B. primär den Patienten führt, darauf achten muß, sich zeitig auch vom Patienten, bzw. von seinem psychologischen Material, führen zu lassen; andererseits soll der Therapeut, der sich von den Materialien des Patienten leiten läßt, genügend klar und nicht zu spät Stellung beziehen. Denn wenn in der therapeutischen Beziehung Führen und Geführtwerden nicht bei Therapeut und Patient gleichermaßen vorhanden sind, so entsteht nicht jene echte Gemeinsamkeit, die L. Binswanger überaus treffend die *Kommunikation* genannt hat (34, S. 92); in seiner Bezeichnung wird die für die therapeutische Beziehung so wichtige Einheit im echten menschlichen Gegenüber sehr gut auch als bewegt erfaßt. Diese Bewegung ist ein seelisch-energetisches Phänomen.

In den innerseelischen Beziehungen des Individuums zeigt sich die Energetik ebenfalls. Jung hat diese Energetik – unter besonderer Berücksichtigung der Verhältnisse im Bewußtsein – als *Progression* und *Regression* (7, S. 56) beschrieben. Praktisch kann sich hier z. B. folgende Entwicklung zeigen: Eine gebildete, unverheiratete, jüngere Frau aus lutheranisch-norddeutschen Kreisen wird von einem überaus tüchtigen Psychotherapeuten wegen Angstsymptomen behandelt. Unter der kundigen und verständnisvollen Anleitung des Therapeuten löst sie sich erfolgreich aus unerfreulichen Familienbanden und baut ein eigenes Leben auf. Sie ist berufstätig und errichtet auch einen selbständigen Haushalt. Alles ist Fortschritt. Dies ist die Progression, die in fortlaufender Befriedigung der Anforderungen der Umweltsbedingungen, unter Berücksichtigung der eigenen Notwendigkeiten, besteht. Vor einem letzten Schritt, einer endgültigen Klärung der Verhältnisse zur Familie, zaudert sie noch etwas, aber der Therapeut muntert sie auf, indem er ihr sagt, es hänge nur noch von ihr ab, und das neue Leben sei endgültig gewonnen. In diesem Moment befällt die Patientin eine zunehmende Schwäche, die sie erst für eine in Entwicklung begriffene körperliche Lähmung hält. Sie muß endlich mit der Arbeit aussetzen und Anstaltspflege aufsuchen. Daß man ihr in der Anstalt sagt, sie habe sichtlich eine Depression mit dem hierfür typischen Energieverlust, wirkt auf sie sehr wohltuend; in solchen Fällen muß nämlich die Diagnose der energetischen Regression gestellt werden, und wenn man sie dem Patienten – als echten, keineswegs eingebildeten seelischen Energieverlust – erläutert, fühlt er sich endlich einmal verstanden. Bisher hörte er ja unentwegt das bekannte »du mußt dich einfach aufraffen«. In solchen Zuständen erfährt der Patient nämlich in erster Linie die Autonomie des seelischen Phänomens, gegen die sein bester Wille machtlos ist. Hat er, wie unsere Patientin, vorher geglaubt, »es hänge nun nur noch von ihm selbst ab«, so erfährt er in bitterer Weise das Gegenteil und fällt in begreifliche Verzweiflung. Im Verlaufe der Anstaltsbehandlung, die vier Wochen dauerte, hatte sie Zeit zur neuen Bearbeitung ihrer inneren Problematik. Im Kontakt zu Mitpatienten und nicht zuletzt im Gespräch mit dem Arzt fand sie für die Weiterentwicklung eine neue Formulierung, die ihrer Veranlagung und Herkunft besser entsprach. Diese Formulierung, die sie beim Verlassen der Anstalt mitnahm, lautete nicht mehr »es hängt nur noch von mir ab«. Sie lautete »ich will es mit neuem Mut und mit Gottes Hilfe versuchen«.

Unser Beispiel zeigt, welche Verhältnisse bei der Progression und der Regression vorliegen. In der Progression wird – hier unter Anleitung eines tüchtigen Psychotherapeuten – eine Einstellung erreicht, die aufbauend ist und mittels deren eine Anpassung erreicht werden kann. Es kann dann aber der Fall eintreten, daß die Einstellung die Anpassungsforderung nicht mehr erfüllen kann. Hier war die Anpassung an eine innere Notwendigkeit, die mit der Herkunft der Patientin zusammenhängt, gestört. Die Anpassung erfolgte auf Grund einer eher rationalistischen und willensmäßigen Einstellung. Hierdurch wurde das religiöse Bedürfnis der im Grunde betont lutheranischen Patientin vernachlässigt. Als deshalb eine letzte Formulierung lautete »es hängt nur noch von mir ab«, entstand unverzüglich eine Blockierung. Unsere Patientin war in keiner Weise überschwänglich religiös. Religiöse Gesichtspunkte waren ihr wichtig, aber nicht von zentraler Bedeutung. Wenn aber in einem wesentlichen Moment ein für die eigene Individualität wichtiger Gesichtspunkt – und sei es auch ein anscheinend kleiner Baustein – fehlt, so schlägt die schönste Progression in Regression um. Es kann ein vollständiger Stillstand eintreten. Daß das Fehlen eines solchen Bausteins blockieren kann, ist ein energetisches Phänomen, das vermuten läßt, der fehlende Inhalt – etwas, was man in Betracht ziehen sollte, aber nicht in Betracht zieht – befinde sich im Unbewußten und lasse von dort aus seine hemmende Kraft wirken. Jung hat nachgewiesen, daß in mittelalterlichen Phantasien (13, S. 205) dieses Phänomen als »Fisch im Meer« dargestellt wird: »Das Fischlein, genannt Remora, welches die stolzen Schiffe des großen Meeres Oceanus festzuhalten vermag«. Auch Plinius (13, S. 211) spricht bereits »von dem Fischlein, das sich am Steuerruder des Schiffes, auf dem der Kaiser Caligula nach Rom fuhr, ansog und so das Schiff zum Stillstand brachte«; als dann der Kaiser doch nach Rom kam, wurde er dort von seinen Soldaten ermordet . . . es ist eben nicht von Gutem, die Wirkung des Fischleins zu mißachten, es will gefangen und an das Licht des Tages gezogen werden! Aus diesem Grunde hat auch unsere Patientin ihren Weg erst in dem Augenblick weitergehen können, nachdem sie das *Symbol* der religiösen Einstellung, das ihrer Herkunft und Veranlagung entsprach, bewußt in die Wertung der Situation einbezogen hatte.

Symbol nenne ich die religiöse Einstellung der Patientin deshalb, weil sie den wesentlichen Tatbestand, der zu Anfang der Regression sichtbar wurde, in *eine allgemeine und zugleich dem Wesen des Individuums gemäße Form* faßt. In der anfänglichen Depression erlebte sie ja, daß es unerwarteterweise nicht so geht wie sie will und es sich vorstellt, sondern eben ganz anders, wie wenn irgend etwas da wäre, das stärker ist als sie selbst. Die Antwort des religiösen Symbols lautet dann: »Nicht wie ich will, sondern wie Du willst.«

Ganz allgemein kann man sagen: Sobald die habituelle Einstellung die Anpassung an die Außenwelt und die eigene Notwendigkeit nicht mehr voll erfüllen kann, häuft sich im Unbewußten Energie an. Diese Energie ist gebunden an jene Inhalte, die die ungenügende Bewußtseinseinstellung befriedigend ergänzen oder umwandeln könnten. Handelt es sich um ganz prinzipielle Fragen, und seien sie anscheinend noch so »klein« (»so Gott will« sind nur drei Worte), so blockieren sie die Weiterentwicklung wie das Fischlein, das die stolzen Schiffe festhält. In der Regel schlägt aber die Progression nicht so dramatisch in die Regression um. Im Bewußtsein wird jedoch allmählich das Gleichgewicht gestört. Impuls und Gegenimpuls, Ja und Nein gelangen nicht mehr zu gegenseitiger, gleichmäßiger Einwirkung, wie z. B. bei der vernünftigen Überlegung. Die durch die Progression erlangte Anpassung verringert sich. Es wird einseitig, übertrieben gehandelt, und es wird z. B. in komplexhafter Art ein Teilproblem überklar gesehen und überwertet, während der Rest der Beziehungen in den Nebel eines unverantwortlichen »abaissement« gehüllt werden. Gleichzeitig können sich auch weitere Grenzphänomene des Unbewußten häufen: gehäufte Versprechen und Fehlleistungen, eine zunehmende passive Phantasie, schlechter Schlaf mit vielen Träumen und eine Neigung zur Projektion. Daß diese Störungen den Keim zur Weiterentwicklung in sich tragen und – bei Austragung der entstehenden Konflikte und bei genügender Selbstkritik – ein Umschlagen der regressiven Tendenzen in neue Progression ermöglichen, haben wir bei der Besprechung der Grenzphänomene des Unbewußten gezeigt.

V. Die psychologischen Typen und die psychischen Funktionen

Introversion und Extraversion

Das Unbewußte, seine Grenzphänomene im Bewußtsein und die energetische Dynamik der Beziehung zwischen dem Bewußtsein und dem Unbewußten, sowie der Beziehung zwischen den Menschen sind allgemeine seelische Phänomene. Ihre Auswirkungen beim Individuum sind jedoch von Fall zu Fall unterschiedlich, denn die Menschen sind nicht alle gleich, sondern sie sind *verschieden*.

Jung hat nachgewiesen (16), daß es neben der Vielfalt der individuellen Verschiedenheit doch auch typische Unterschiede gibt. Eine erste Unterscheidung kann dort sichtbar gemacht werden, wo sich in der Projektion die ursprüngliche Partizipation scheidet und Subjekt und Objekt geboren werden. In der Bearbeitung der Projektion, die affektiv (z. B. durch Aufregung oder Ärger) gefördert wird, werden Subjekt und Objekt mit ihren Eigenschaften bewußt. Es gibt nun Menschen, deren erstes Interesse spontan auf der subjektiven Seite der Fragestellung liegt, und andere, die sich primär auf die Objekt-Seite beziehen. Dieses spontane Primärinteresse ist geradezu schicksalsbestimmend für das betreffende Individuum. Wenn wir einen menschlichen Lebenslauf betrachten, so sehen wir, wie die Schicksale des einen mehr bedingt sind durch sein eigenes Inneres, durch sein Subjekt, während die Schicksale eines anderen mehr bedingt sind durch die Objekte seiner Interessen.

Jung nennt den Typus, der am Subjekt orientiert ist, den *introvertierten* Typus, und denjenigen, der sich am Objekt orientiert, den *extravertierten* Typus. Dieser typische Unterschied ist ein konstitutioneller, der weit über das rein Psychische hinausreicht. Gleichzeitig mit Jung hat E. Kretschmer die menschliche Typologie untersucht (45), und zwar nicht in bezug auf die speziellen psychologischen Zusammenhänge, sondern bezüglich Körperbau und medizinisch-psychologischer Charakteristik. Ein Vergleich der Typen, wie sie Jung und wie sie Kretschmer 1921 beschrieben haben, ergibt: Der introvertierte Typus ist körperlich vorzugsweise leptosom (asthenisch). Psychisch neigt er zur Schizoidie, psychiatrisch entspricht ihm die Schizophrenie. Der extravertierte Typus ist körperlich meist pyknisch, psychisch zykloid, psychiatrisch manisch-depressiv. Eindrücklich geht aus Kretschmers Darstellung die Zuwendung des Zyklothymen zum Objekt hervor: Er ist geschwätzig-heiter, ein bequemer Genießer, ein tatkräftiger Praktiker. Der Schizothyme hingegen ist am Subjekt orientiert: Er ist vornehm-feinsinnig, ein weltfremder Idealist, eine kühle Herrennatur und ein Egoist. So ist »der lange Dünne« introvertiert, der »runde Dicke« extravertiert; eine der schönsten Darstellungen des Zusammenwirkens dieser zwei Typen findet sich in Cervantes Don Quichote, wo der introvertierte, weltfremde Ritter vom treuen, extravertierten Sancho Pansa begleitet wird.

Das introvertierte Bewußtsein sieht zwar die äußeren Bedingungen, erwählt aber die subjektive Determinante als die ausschlaggebende. Dieser Typus richtet sich daher nach jenem Faktor des Wahrnehmens und Erkennens, welcher die den Sinnenreiz aufnehmende subjektive Disposition darstellt. Der Introvertierte reserviert sich eine Ansicht, welche sich zwischen ihn und das objektiv Gegebene hineinschiebt. Der Extravertierte hingegen folgt mit seinem Interesse und seiner Aufmerksamkeit den objektiven Vorkommnissen, in erster Linie denen der nächsten Umgebung. Der Extravertierte bewundert z. B. einen berühmten Sänger, weil alle Welt ihn bewundert, der Introvertierte bewundert ihn nicht, nicht etwa darum, weil er ihm mißfiele, sondern weil er der Ansicht ist, was alle bewunderten, brauche noch lange nicht bewunderswert zu sein. So ist der Extravertierte denn verhältnismäßig gut nach außen, an die objektive Welt, angepaßt, hingegen weniger gut an die eigenen inneren Bedingungen; letztere Schwierigkeit zeigt sich in (zyklothymen) Stimmungsschwankungen, die sekundär auch die äußere Anpassung in Mitleidenschaft ziehen. Der Introvertierte berücksichtigt die subjektiven Notwendigkeiten, stößt aber (in schizoider Weise) an der Welt an und verdirbt sich hiedurch sekundär seine innere Ruhe.

Durch die Schwankungen der Stimmung erfährt der Extravertierte die subjektive Problematik, und im Zusammenstoß mit der Welt erfährt der Introvertierte, daß Objekte reale Eigenschaften haben. Ungeschickt und mühsam müssen beide sich mit diesen, ihnen temperamentsmäßig nicht liegenden Fragen auseinandersetzen, müssen erfahren, über wie vieles sie unbewußt sind, wie manches sie in einem unklaren, nebelhaften (»luminösen«) Lichte sehen. Der Extravertierte hat nämlich eine minderwertige Introversion, und der Introvertierte eine minderwertige Extraversion. Diese Minderwertigkeit mit ihren zahlreichen Luminositäten ist sein persönliches Problem, in welchem er der eigenen Unbewußtheit begegnet. Die konstitutionelle Einstellung, extravertiert oder introvertiert, ist eben begleitet von der Gegeneinstellung in unentwickelter Form. Der Einstellungstypus ist eine Einstellung des Bewußtseins, während die Gegeneinstellung charakteristisch ist für das Unbewußte des Individuums. Die Begegnung mit der zum Problem gewordenen Gegeneinstellung ist deshalb immer von dem charakteristischen Symptom begleitet, das auftritt, wenn Unbewußtes bewußt werden möchte: dem Affekt.

Dieser Affekt wird insbesondere dann sichtbar, wenn zwischen zwei entgegengesetzten Typen eine Auseinandersetzung um wesentliche Fragen entbrennt. Solche affektgeladenen Begegnungen finden sich überall, wo Menschen zusammenkommen, in der Familie, im Berufsleben und bekanntlich oft auch in der Politik.

Die psychischen Funktionen

Jungs Beobachtungen am Menschen haben ihn jedoch dazu geführt, seine Typologie über die bisher beschriebene Dualität hinaus zu erweitern. Der spannungserzeugende Gegensatz im Seelenleben, sei es nach innen, sei es in der Begegnung mit dem anderen, beruht nicht nur auf der Polarität des subjektiven, introvertierten und des objektiven, extravertierten Standpunktes. Die Spannung kann auch erwachsen, wenn Gegensätze bestehen zwischen verschiedenen *Formen der psychischen Tätigkeit.* Jung beschreibt vier verschiedene Tätigkeitsformen der Psyche, die jeweilen auch unter verschiedenen Umständen gleich bleiben, d. h. bei ihrer Anwendung sich nicht prinzipiell verändern. Er nennt sie *psychologische Funktionen,* die er im einzelnen als *Den-*

ken und *Fühlen*, die beiden *rationalen Funktionen*, und *Empfinden* und *Intuieren*, die beiden *irrationalen Funktionen*, bezeichnet.

Das Denken ist diejenige psychologische Funktion, welche, ihren eigenen Gesetzen gemäß, gegebene Vorstellungsinhalte in (begrifflichen) Zusammenhang bringt. Es kann mehr aktiven Charakter haben, indem die Vorstellungsinhalte einem gewollten Urteilsakte unterworfen werden, oder es kann eher passiv sein; in letzterem Falle formen sich eventuell Urteile – durch Anordnung begrifflicher Zusammenhänge – die mit der Absicht des Denkenden in Widerspruch stehen (16, S. 612). Hat das Denken deutlich aktiven Charakter, so ist es ein *gerichtetes Denken*, das auch als *Intellekt* bezeichnet werden kann.

Im Fühlen wird einem gegebenen seelischen Inhalt ein bestimmter Wert im Sinne des Annehmens oder Zurückweisens erteilt. Auch das Fühlen ist daher eine Art des Urteilens, die jedoch insofern vom intellektuellen Urteil verschieden ist, als das Urteil nicht in Absicht der Herstellung eines begrifflichen Zusammenhangs, sondern in Absicht einer Bewertung erfolgt (16, S. 624).

Als *urteilende Funktionen* sind Denken und Fühlen beide rational. Im übrigen aber sind sie einander völlig entgegengesetzt. Pascal (52, S. 65) hat bereits diesen Gegensatz beschrieben, wenn er die Reaktion des »feinen Geistes« (Gefühl) auf den »geometrischen Geist« (Denken) darstellt: »Et les esprits fins, accountumés à juger d'une seule vue, sont si étonnés quand on leur présente l'esprit de géométrie, des propositions où ils ne comprennent rien et où pour entrer, il faut passer par des définitions et des principes si stériles, qu'ils ne sont point accoutumés de voir ainsi en détail, qu'ils s'en rebutent et s'en dégoutent.« Dabei aber müßte man sich nur um weniges dem Standpunkt des geometrischen Geistes annähern, um sofort das Grundsätzliche zu erkennen: »On a peine à tourner la tête de ce côté-là, manque d'habitude: mais pour peu qu'on l'y tourne on voit les principes au plein; et il faudrait tout à fait l'esprit faux pour mal raisonner sur des principes si gros qu'il est presque impossible qu'ils échappent.« Die gegenseitige Reaktion ist ja auch allbekannt: Der, der gerichtet (intellektuell) denkt, ist nur allzubald bereit, wesentliche Gefühlswerte als »Duselei« abzutun und so zu einem ebenso logischen wie schiefen Urteil zu gelangen. Die Unfähigkeit des Denk-Typus in Gefühlsfragen kann sich z. B. sehr eindrücklich im Assoziationsversuch zeigen, und zwar im Inhalt der Assoziationen. Auf Reizworte, die gefühlsbetont sind, wird unsicher (mit leicht verlängerter Reaktionszeit), mit mehreren Worten und in intellektueller Umschreibung des Reizwortes geantwortet, während eine adäquate Assoziation ausbleibt: Auf »Sitte«, jene wertende Regel, die uns kluge Frauen vermitteln, wird assoziiert »konventionelle Gebräuche«, auf »lügen« heißt die Assoziation »etwas Falsches sagen«, bei »streiten« lautet sie »uneinig sein«, bei »malen«, der farbig-gefühlsbetonten Kunst, »einen Eindruck niederlegen«. Leute, die in Gefühlsfragen derart trocken und zergliedernd reagieren, können einen gefühlsmäßig veranlagten Partner bis aufs äußerste irritieren. Der Gegensatz von Denken und Fühlen ist nämlich ein emotionaler. Bei ausgesprochenen Denk- oder Fühltypen ist die entgegengesetzte rationale Funktion minderwertig und wird als »Stein des Anstoßes« häufig im Konflikt auf den Mitmenschen projiziert, denn die minderwertige Funktion ist mit dem Unbewußten des betreffenden Individuums verbunden.

Die rationalen Funktionen sind Funktionen der *Reflexion*. Ihnen gegenüber stehen die Funktionen der *Perzeption*, die *Empfindung* und die *Intuition*. Sie sind Elementarphänomene, die primär den Vernunftgesetzen nicht unterworfen sind, und Jung bezeichnet sie deshalb als irrationale Funktionen. Als Elementarphänomene betreffen sie den ganzen Menschen, sein Bewußtsein wie sein Unbewußtes. Je nach Typus besteht jedoch eine größere Begabung, bewußt zu perzipieren, oder eine größere Begabung, unbewußt zu perzipieren. Der Empfindungstyp perzipiert klar und praktisch. Er orientiert sich an den Wahrnehmungen, die ihm relativ am stärksten bewußt sind. Der intuitive Typus richtet die Vorstellungen, die sich aus der Perzeption ergeben, dauernd nach dem, was ihm halb- oder gar nur unterschwellig bewußt ist. Auch hier besteht zwischen den beiden Typen ein emotionaler Gegensatz, der oft zu den schwersten Konflikten führen kann. Wenn ein Empfindungstyp und ein intuitiver Typ miteinander vor einer praktischen Situation stehen, so kann sich folgendes ereignen: Zunächst nimmt der Empfindungstyp, als begabter Praktiker, das vorliegende Problem auf. Während er glaubt, sich redlich abzumühen, erregt er in steigendem Maße das Mißfallen des Intuitiven. Der Intuitive sieht nämlich bei seinem Partner das vordergründige, praktische Wirken, das ihm reichlich dumm vorkommt, ganz unscharf. Hingegen nimmt er mit großer Schärfe alles Schattenhafte und »Luminöse«, das dem Wirken des anderen anhaftet, wahr. Jede zweckdienliche Maßnahme sieht er unter dem Schattenaspekt als »abgefeimten Dreh«, und der Empfindungstyp kommt ihm hochgradig minderwertig vor. Diese abschätzige Beurteilung steigert sich noch, weil er am praktischen Problem zwar nicht die Wirklichkeit sieht, wohl aber die Möglichkeiten. Er entwickelt eine sehr zutreffende Intuition, indem er sieht, daß der andere nur an die Gegenwart denkt und viel zu wenig in die Zukunft hinaus tastet. Deshalb entschließt er sich, einzugreifen. Sein Eingreifen hat ein unbeschreibliches Durcheinander zur Folge. Halbwegs brauchbare und ganz unmögliche Maßnahmen folgen sich in wirrem Wechsel, so daß der Empfindungstyp die Hände ringt. Im Handeln äußert sich der Intuitive zudem so, daß sich der Empfindungstyp verletzt fühlt, denn der Intuitive ist häufig äußerst irrational und unbegreiflich. Im Momente aber, wo der Empfindungstyp die endgültige Katastrophe herannahen sieht, entwickelt sich aus dem Durcheinander, das der Intuitive angerichtet hat, eine überraschend schöne Lösung des Problems. Dann aber ist es ein Glück für den Intuitiven, wenn der Empfindungstyp nicht allzu verärgert ist und zeitig erkennt, wie glücklich die Lösung ist. Denn nun muß er doch noch einmal eingreifen, damit alles wieder auf einen realen Boden kommt – allein aus der Intuition heraus zu handeln ist immer etwas zu »genialisch«. Ist der Empfindungstyp taktvoll, so greift er ruhig und kurz ein, der Intuitive nimmt dies gar nicht wahr, und alles löst sich in Minne auf. Leider geht es nicht immer so. Dann ist Konflikt und Projektion die Folge, denn auch bei den irrationalen Funktionen des Empfindens und Intuierens steht bei jedem Typ die Gegenfunktion in Verbindung mit dem Unbewußten.

Im Hinblick auf die psychologischen Funktionen wird der *Typus* durch diejenige Funktion charakterisiert, die in der *habituellen Bewußtseinseinstellung vorherrscht.* Diese Funktion bezeichnet Jung als die *Hauptfunktion.* Grundsätzlich verfügt jedes Individuum über alle vier Funktionen, jedoch sind die anderen drei Funktionen – neben der Hauptfunktion – weniger entwikkelt. In bezug auf die allgemeine psychologische Funktionslehre ordnet Jung die vier Funktionen in zwei Gegensatzpaare an, die sich wiederum überschneiden:

Denken
Empfindung + Intuition
Fühlen

Jede der vier Funktionen kann Hauptfunktion sein. Die ihr gegenüberliegende Funktion ist, wie wir bereits ausführten, die *minderwertige Funktion*, die mit dem Unbewußten verbunden ist; ihre Entwicklung ist das *zentrale Problem* des Individuums. Die beiden der Hauptfunktion benachbarten Funktionen sind nicht voll entwickelt, aber immerhin differenzierter als die minderwertige Funktion. Jung bezeichnet sie als die Hilfsfunktionen. Von den beiden Hilfsfunktionen ist fast immer die eine differenzierter, d. h. bewußter, als die andere. Die differenziertere Hilfsfunktion heißt die *erste*, die weniger differenzierte die *zweite Hilfsfunktion.* In bezug auf die Unbewußtheit, welche den Hilfsfunktionen und der minderwertigen Funktion anhaftet, kann gesagt werden, daß der unbewußte Anteil der ersten Hilfsfunktion vorwiegend dem persönlichen Unbewußten angehört, also rein individuelle Fragen der Einstellungsentwicklung betrifft. Der unbewußte Anteil der minderwertigen Funktion hingegen gehört weitgehend zum kollektiven Unbewußten und bezieht sich auf allgemeine und grundsätzliche Fragen.

In der Beobachtung läßt sich noch feststellen, daß die erste Hilfsfunktion auf die Hauptfunktion einen gewissen *Einfluß* ausübt. So ist beim Denk-Typus, wenn die erste Hilfsfunktion die Empfindung ist, das Denken mehr gerichtet, d. h. intellektuell. Ist die Intuition zweite Hilfsfunktion, so wird das Denken zur Passivität geneigt, d. h. es formen sich, wie erwähnt, durch Anordnung begrifflicher Zusammenhänge Urteile, die zur Absicht des Denkenden einen Widerspruch ergeben; die Intuition scheut ja das Widersprüchliche in keiner Weise. Beim Empfindungstypus kann, wenn das Gefühl erste Hilfsfunktion ist, die Empfindung ästhetischen Einschlag erhalten. Die Vielfalt, die sich aus der Jungschen Typologie ergibt, ist so groß, daß sie noch ganz ungenügend beschrieben ist; es sei auch nicht übersehen, daß zudem noch Unterschiede bestehen in bezug auf Männer und Frauen (16, S. 219).

Auch Jung ist in seiner Darstellung nicht über Einzelbeispiele hinausgegangen. Wenn wir im folgenden die formalen Möglichkeiten der Typologie überblicken, so kann dies nur den Charakter einer *»Randbemerkung«* haben. Entsprechend den vier psychologischen Funktionen gibt es vier Typen, den Denk-, Fühl-, Empfindungs- und Intuitions-Typ. Jeder dieser Typen kann in bezug auf die allgemeine Einstellung des Bewußtseins extravertiert oder introvertiert sein, was die Zahl von acht ergibt. Bei jedem der Typen kann sich weiter entweder die eine oder die andere benachbarte Funktion zur ersten Hilfsfunktion entwickelt haben, was die Zahl nochmals verdoppelt. Eine weitere Verdoppelung schafft der Unterschied von Mann und Frau, was 32 Typen ergeben würde. In bezug auf eine aktuelle typische Situation kommt nun aber noch hinzu, daß der Akzent der Problematik entweder auf der Seite des Bewußtseins, d. h. auf dem Aufbau der Anpassung im Sinne der Progression, liegen kann, oder dann auf der Gegenposition des Unbewußten im Sinne der Regression. So würde man auf 64 typische psychologische Zustandsbilder kommen. Schaut man sich in der Weltliteratur um, so findet sich im abendländischen Kulturkreis nirgends eine Bearbeitung einer derart vielfältigen psychologischen Problematik. Hingegen finden wir in der chinesischen Literatur eine zwar nicht leicht verständliche, aber ausgedehnt und eindrücklich gestaltete Darstellung von vierundsechzig psychologischen Situationen. Im »Buch der Wandlungen« (I Ging), das von Richard Wilhelm in sorgfältigster und einfühlender Weise ins Deutsche übertragen wurde (59), wird zu 64 Zeichen, welche angeblich aus uralten Zeichen vom Herrscher Wen, dem Ahnherrn der Chou-Dynastie (1122 v. Chr.) zusammengestellt wurden, ein psychologischer Kommentar gegeben, der in den Grundzügen von Konfuzius (geb. 551 v. Chr., 56) stammt. Jede dieser 64 Situationen verlangt eine besondere Handlungsweise, um sich ihr anpassen zu können. Dies würde der typischen psychologischen Situation entsprechen, die ja nur erfüllt werden kann, wenn aus ihr das angemessene Handeln erwächst. Die einzelnen Zeichen sind übrigens aus einer gleichen Anzahl von männlichen und weiblichen Einzelzeichen (gerade und ungerade) zusammengesetzt. Im Kommentar wird das Gegensatzproblem, das ja auch in der Typologie eine entscheidende Rolle spielt, in überaus eindrücklicher Weise in Betracht gezogen, indem für jede Situation und jede Handlung die positiven und negativen Aspekte gleichermaßen und aufeinander bezogen gegeben werden. Selbstverständlich läßt sich im übrigen ein chinesisches Weisheitsbuch nicht in direkte Beziehung setzen mit einer westlichen psychologischen Typologie, aber die formalen Übereinstimmungen im Hinblick auf die Zahl und auf die Bedeutung der Gegensätzlichkeit weisen auf eine allgemeine menschliche Grundstruktur hin, deren Einheit in der Vielfalt Jung mit seinen psychologischen Typen darstellen möchte.

VI. Die Inhalte des Unbewußten in der Analyse

Die Konstellation

Ziel einer Psychotherapie muß es sein, die Ganzheit der Persönlichkeit zu erreichen. Wenn die Anpassung gestört ist, indem die bewußten Tendenzen durch unbewußte, unentwickelt-archaische Tendenzen durchkreuzt werden, so entsteht das Bild einer uneinheitlichen und nur teilweise verantwortlich handelnden Person. Wenn in der Psychotherapie erkannt wird, in bezug auf welche menschlichen Fragen man zu unbewußt ist, wenn hier eine Antwort gesucht wird und man damit versucht, Unverantwortlichkeit (»unbewußte Unzurechnungsfähigkeit«) durch Verantwortlichkeit zu ersetzen, dann ist der Weg gefunden, auf dem der Konflikt zwischen Bewußt und Unbewußt aufgehoben und an seine Stelle das einheitliche Handeln einer ganzen Persönlichkeit treten kann.

Die Vielfalt der menschlichen Individualität erlaubt, wenn der richtige Weg gefunden werden soll, keinerlei bindende Vorschriften für den Beginn einer Psychotherapie. Je weniger der Blick durch Voreingenommenheit getrübt ist, um so eher tritt zu Beginn der Behandlung das auf, was Jung die *Konstellation* nennt. Die Möglichkeiten der Entwicklung der Psychotherapie sind im Einzelfall jeweilen unbestimmt. Das Komplexe des seelischen Phänomens bewirkt, daß zunächst alles undurchsichtig und ineinander verwoben erscheint. Der Jungsche Gesichtspunkt der Progression und Regression, der grundsätzlich den Gedanken der Entwicklung enthält, bedingt, daß für die Lebensgeschichte des Patienten *(Anamnese)* immer Interesse vorhanden sein wird. Dennoch kann keine Rede davon sein, daß man den Patienten in systematischer Weise ausfragt oder sich anderweitig vorlaut durchsetzt. In der Einleitung der Behandlung kommt es ja nicht auf das an, was wir für wichtig halten, sondern auf das, was für den Patienten wichtig ist; es kommt nicht auf das an, was der Therapeut vom Patienten, sondern auf das, was der Patient vom Therapeuten will. Man muß bereit sein, wachsen zu lassen, und auch bereit sein, *spontan und natürlich zu reagieren.* Für diese Bereitschaft ist eine möglichst entspannte, natürliche Atmosphäre vorteilhaft. Auf den ersten Blick würde in dieser Hinsicht die analytische Couch günstig erscheinen; der Patient könnte dann ruhig und entspannt liegen. Dennoch ist sie in der Regel nicht ratsam, denn sie bringt den Patienten in eine ungewohnte Lage, die zudem noch gegensätzlich ist zu der des Therapeuten, der sitzt. Wenn dann der Patient den Therapeuten zudem noch nicht sieht, so wird die Symmetrie in der menschlichen Beziehung erst recht gestört und die Spannung erhöht. Wenn deshalb in der Jungschen Psychotherapie der Patient einfach auf einem Stuhl gegenüber dem Therapeuten sitzt, so darf das aber doch kein Dogma sein. Eine Psychotherapie kann, wenn sich dies aus den Umständen ergibt, auch auf einem Spaziergang, auf einer Gartenbank, oder noch ganz anders beginnen. Auf Äußerlichkeiten kommt es ohnedies nicht an, wenn es um die Seele geht. Jedenfalls ist es aber notwendig, daß der Patient den Therapeuten als menschliches Gegenüber erfährt. Er soll sein Gesicht sehen, er soll auch wissen, daß er selbst gesehen wird. Denn es ist ganz wesentlich, daß menschliche Reaktionen, wie Überraschung, Unglauben, Verlegenheit, Freude usf. zwischen den beiden Menschen spielen können, deren Anliegen die Psychotherapie ist.

In Würdigung der Bedeutung des Unbewußten wird der Psychotherapeut auch vom *»Nicht-Wissen«* ausgehen, d. h. er wird aufmerksam zuhören, indem er ja vorläufig überhaupt nicht weiß, was das Anliegen des anderen ist. So entsteht – trotz allen Strebens nach einer entspannten Atmosphäre – eine typische Erwartungssituation. Der Therapeut wartet gespannt, was sich wohl ergibt, und der Patient ist meist ebenso gespannt. Diese *Erwartungsspannung* bedingt die Konstellation. Die Konstellation ist ein unwillkürlicher Vorgang, den niemand bei sich selbst verhindern kann (7, S. 124). Was konstelliert wird, sind seelische Inhalte, die irgendwie zusammengehören und die in ihrer Gesamtheit etwas mit dem vorliegenden Problem des Patienten zu tun haben. Durch ihre gegenseitge Beziehung bilden die konstellierten seelischen Inhalte einen *Komplex*. Daß der Komplex, der in der psychotherapeutischen Begegnung konstelliert wird, derjenige ist, der das Problem des Patienten bestimmt, ist darauf zurückzuführen, daß die durch das Problem des Patienten umschriebenen seelischen Inhalte nicht in jeder Beziehung befriedigend bearbeitet sind; deshalb sind sie ja ein Problem. Es entsteht deshalb zwischen der habituellen Bewußtseinshaltung und dem im Komplex enthaltenen Problem eine Spannung energetischer Natur. Die therapeutische Aufgabe würde grundsätzlich darin bestehen, das im Komplex enthaltene Problem befriedigend zu bearbeiten, was als Assimilation des Komplexes bezeichnet wird.

Die Erwartungsspannung, die in der Einleitung der Therapie bei Patient und Therapeut herrscht, ist also eine Situation, in der der Komplex, infolge der energetischen Spannung zwischen ihm und der habituellen Bewußtseinshaltung, aktiviert wird; hierin besteht die Konstellation. Die beim Patienten als Komplex konstellierten Inhalte können Inhalte des Bewußtseins sein, z. B. schuldhafte Erinnerungen an einen begangenen Fehler. Dann liegt ein bewußter Komplex vor, der eine Erinnerung an eine lebhaft *gefühlsbetonte*, aber nicht verarbeitete seelische Situation umschreibt. Auch der bewußte Komplex ist aber nicht befriedigend bewußt. Durch ungenügende Klärung der Frage z. B., wo eine Verantwortlichkeit liegt und was diese für Folgen hat, ist er nicht voll bewußt (Licht, lux), sondern nur nebelhaft (luminositas). Überaus häufig ist jedoch der Komplex überhaupt nicht bewußt, sei es, daß die gefühlsbetonte Situation verdrängt wurde, sei es, daß der Komplex mit seinem wichtigen Lebensproblem überhaupt nie bewußt wahrgenommen wurde. Deshalb wird in der konstellierenden therapeutischen Situation häufig der Komplex nicht sichtbar, sondern es kommt lediglich zu einer Einigung über die Fortsetzung der therapeutischen Arbeit. Hier ganz besonders – aber auch allgemein in der Konstellation – ist in Betracht zu ziehen, daß die konstellierende Situation zwischen Therapeut und Patient jedesmal neu ist und keine Routine erlaubt. Nicht nur ist ja jeder Patient ein unverwechselbares Individuum. Es ist darüber hinaus auch anzunehmen, daß dieser Patient in keiner Weise von jedem Therapeuten gleich konstelliert würde. Deshalb ist die auftretende Konstellation nicht nur eine

Funktion des Patienten und seiner Komplexe, sondern auch abhängig von der Persönlichkeitsstruktur des Therapeuten.

Es muß darum in der Bearbeitung der Situation zu einem Geben und Nehmen von beiden Seiten kommen. Jung bezeichnet dies als das *dialektische Verfahren* (4, S. 66), ein Zwiegespräch oder eine Auseinandersetzung zwischen zwei Personen. Dialektik, die Unterredungskunst der antiken Philosophie, ist ein Verfahren zur Erzeugung neuer Synthesen. Wird tatsächlich eine echte Synthese erreicht, so drückt diese den Tatbestand aus, der in der gegenseitigen Bedingung von Objekt und Subjekt und in der ursprünglichen Objekt-Subjekt-Identität liegt. L. Binswanger, der diese Frage im einzelnen eingehend bearbeitet hat (34), stellt hier dem »bloßen *Mitsein* von Einem und einem Anderen« (34, S. 16) das Miteinandersein von Mir und Dir als *»Wirheit«* gegenüber. In der echten Synthese heißt es nämlich nicht »du sagst und ich finde«, sondern es heißt: »so also sehen *wir* das Problem«.

Manchmal sind die sich aus der Konstellation ergebenden Fragen verhältnismäßig einfach. Daß der *Ratschlag* meist dem Patienten die Augen öffnen muß, wo er projiziert und eigene Fehler bei anderen sucht, haben wir bereits ausgeführt. Oft muß auch gar nicht viel gesagt werden, denn immer dort, wo ein Dritter den Konflikt zwischen zwei anderen sieht, und wo ihm, z. B. dem Therapeuten, ein Urteil zugetraut wird, wächst der Sinn für Verantwortlichkeit von selbst. *Vier Augen* (Therapeut und Patient) sehen eben immer mehr als zwei Augen (der Patient, als einer der Konfliktpartner, allein). Oft ergeben sich auch wesentliche Anhaltspunkte für die Entstehung einer seelischen Störung aus der Lebensgeschichte des Patienten. Eine Abklärung in dieser Richtung nennt Jung die *anamnestische Analyse* (19, S. 57). Eine berufstätige, unverheiratete Frau konsultiert z. B. den Therapeuten wegen depressiver Verstimmung und unerträglicher Kopfschmerzen. Bald ergibt sich, daß die Patientin mit ihrem Vorgesetzten ein intimes Verhältnis angeknüpft hat, das sie nun sehr belastet. Nach diesem, unter dem Siegel des ärztlichen Geheimnisses gemachten Geständnis verstärken sich jedoch die Kopfschmerzen ungemein, und die Patientin sagt, sie habe geradezu den Eindruck, am Hinterkopf drücke es ihr das Gehirn heraus. Man wird hier daran denken, daß offenbar eine überaus wichtige Tatsache ganz ungenügend gesehen wird (also »am Hinterkopf«

ist); eine genauere Abklärung der Vorgeschichte ergibt dann auch, daß die Patientin eben nicht nur eine Beziehung zum Vorgesetzten unterhält, sondern dieses Verhältnis auch dazu benutzt hat, um sich aus den Kassen des Geschäftes eine große Geldsumme (im Verlauf von drei Jahren 60000 Schweizerfranken!) anzueignen. Nun allerdings, wie diese Geldfrage verantwortlich einbezogen wird, verschwinden die Kopfschmerzen schlagartig. Der Fall ist dann glücklicherweise noch einigermaßen glimpflich abgelaufen; sein Anfang zeigt, wie wahr Stekels Bemerkung ist, daß das »große Geheimnis«, welches der Patient im Beginn der Behandlung eröffnet, den wesentlichen Punkt meist viel weniger enthüllt als verschleiert, weil der Patient (infolge der Dissoziation von lux und luminositas) in eigenartiger Weise für die zentrale Problematik skotomisiert ist. Stekel hat überhaupt über die praktische Problematik, die sich im Anfang der Behandlung, in der Konstellationsphase, zeigt, überaus kluge und scharfsichtige Beobachtungen zusammengestellt (55), von denen zwei hier ausdrücklich festgehalten seien. Stekel hat das Störende, das das *Notizen-Machen* in der Konstellation bedeutet, weil es die Spontaneität hindert, gesehen: »Wer sich etwas notieren will, ist bereit, es zu vergessen, und er tut nur so, als ob er es fixieren wollte« (55, S. 60). Und dann hebt er hervor: »Jeder Analytiker ist für jene Komplexe seines Patienten *blind*, an denen er selbst leidet (55, S. 63).«

Die Übertragung

Wenn die Therapie über den Rahmen einer Beratung, einer anamnestischen Analyse oder allenfalls die Auswertung eines Tests, wie des Assoziationsversuchs, hinausgeht, wird sehr bald der zuletzt erwähnte Satz von Stekel von zentraler Bedeutung. Denn dann wird die *Übertragung* wichtig.

Die klassische Grundlage des Übertragungsbegriffs ist ja darin gegeben, daß der Therapeut im Verlauf der Behandlung für den Patienten zur wichtigsten Person wird. Der Patient wird dann über den Therapeuten phantasieren und ihm mit dieser Projektion Eigenschaften zulegen, welche im Grunde einer anderen, für ihn zentral wichtigen Person zugehören. Und zwar handelt es sich um die Person, an die der Patient affektiv, d. h. komplexhaft gebunden ist, mit welcher er einen Konflikt ungenügend ausgetragen hat, deren Einfluß er ungenügend überwand oder deren Einwirkung er eventuell auch ungenügend würdigte. An diese Person besteht das, was man eine *Fixation* nennt, und die Wirksamkeit der Übertragungssituation besteht darin, daß der Patient den Therapeuten an die Stelle jener so wichtigen Person setzen kann und so das unerledigte Problem neu aufgegriffen wird. Während so der Patient über den Therapeuten »passiv phantasiert«, hat der Therapeut die Möglichkeit, über den Patienten »aktiv zu phantasieren«; wir haben die Wichtigkeit einer derartigen, aktiven Projektion seitens des Therapeuten bereits hervorgehoben, und auch Stekel (55, S. 63) unterstreicht sie, wenn er sagt: »Wer nicht über diese *künstlerische* Intuition verfügt, die den künstlerischen Analytiker vom Durchschnittshandwerker unterscheidet, der hat kein Recht Analyse auszuüben.«

In dieser Darstellung erscheint die Übertragungssituation als etwas durchaus Erfreuliches, und es könnten schönste Hoffnungen an sie geknüpft werden. Leider haftet aber dieser Formulierung ein Fehler an, und wer ihn nicht kennt, wird leicht straucheln. Der Stein des Anstoßes sind eben gerade »jene Komplexe, an denen der Therapeut selbst leidet«. So »gottähnlich« und endgültig abgeklärt ist nämlich kein Therapeut, daß er mit keinen »Luminositäten« und entsprechenden Komplexen behaftet wäre, woraus folgt, daß er früher oder später (meist früher!) nicht nur aktiv, sondern auch passiv über den Patienten phantasieren wird, also ganz banal (und passiv) projiziert. Dieses Phänomen nennen wir bekanntlich die *Gegen-Übertragung.*

Praktisch bedeutet die Gegenübertragung, daß der Therapeut auch seinerseits komplexhaft, also affektiv zu reagieren beginnt. Und die Erfahrung zeigt immer wieder, daß dies der therapeutisch wirksame Augenblick ist. Dann nämlich kann der Therapeut dem Patienten vorleben, wie es möglich ist, mit der eigenen Unbewußtheit fertig zu werden. Entsprechend der Emotionalität, die in jeder Projektion, auch in der Gegenübertragung, liegt, kann man sagen: Nur dort, wo der Therapeut selbst *berührt* ist und aus seiner Emotion heraus reagiert, tritt ein wesentlicher therapeutischer Einfluß auf. Wenn man deshalb der – an sich ausgezeichneten – Formulierung Stekels zustimmen will: »Was nicht in der Sitzung wirkt, wird nach der Sitzung keine Wirkung entfalten können; rütteln wir die Affekte auf, so haben wir einen dauernden Eindruck hinterlassen« (55, S. 60), so muß man doch hinzufügen: Dies stimmt nur, wenn unter »wir« tatsächlich auch »wir« verstanden wird (so wie es z. B. L. Binswanger versteht). Dann aber rütteln Therapeut und Patient gleichermaßen die Affekte auf, und auch der Therapeut steht nicht nur vor einem Deutungs-, Erklärungs- oder Erziehungsproblem, sondern vor einem Affekt, der ein Symptom seines eigenen Unbewußten ist. So kann man geradezu sagen: Der schwierigste Faktor im Übertragungsproblem ist die Gegenübertragung, aber sie ist auch der wesentliche Heilfaktor. Denn in ihr zeigt es sich, daß der Patient den Therapeuten persönlich etwas *angeht;* und wenn der Patient z. B. in der Übertragung beim Therapeuten den verlorenen Freund sucht, so hat er ihn in der Gegenübertragung gefunden.

Das freundschaftliche Sich-Finden geht nun aber, wegen der affektgeladenen Komplexhaftigkeit, durch eine kritische Phase, die jeden erfahrenen Therapeuten veranlaßt, an die Übertragung keineswegs »die schönsten Hoffnungen« zu knüpfen. In der Übertragungs-Therapie erleben wir schwierige, ja gar peinliche Momente und oft Irrungen und Wirrungen, die äußerst mühsam sind. So wird man erleichtert aufatmen, wenn man – vielleicht wider Erwarten – von der Übertragung mit all ihren Komplikationen verschont wurde. Stellt sie sich aber als echtes Problem, so wird man sich ihre zentrale Bedeutung in der Psychotherapie vor Augen halten, das Herz in beide Hände nehmen und seine Pflicht tun, indem man sich auf den Weg macht. Man weiß, es kann gelingen, es kann aber auch nicht gelingen, und so ist weder Optimismus, noch Verzagtheit angebracht; *ängstliche Zuversicht* ist die beste Einstellung, wie ja gegenüber allen wesentlichen seelischen Phänomenen eine Einstellung nützlich ist, die das Positive und das Negative gleichermaßen umfaßt. Jung hat die Übertragung ausführlich dargestellt (5), wobei er sich der Vorläufigkeit seiner Untersuchung durchaus bewußt ist (5, S. X). Er sagt grundsätzlich über die Übertragung: »Die höheren Formen der Psychotherapie sind eine sehr anspruchsvolle Beschäftigung, welche nicht nur den Verstand oder das Mitgefühl, sondern den ganzen Menschen in die Schranken fordern. Er muß sich nur bewußt sein, daß diese Forderung nur dann wirkt, wenn er zugleich weiß, daß sie auch ihm selber gilt.«

Die Diagnose, daß eine Übertragungssituation vorliegt, ergibt sich aus der *»Atmosphäre«*. Der Therapeut wird durch die Projektion des Patienten in eine eigentümliche *familiäre* Atmosphäre einbezogen. Daraus entsteht zwangsläufig eine Therapeut und Patient aufs peinlichste berührende, unwirkliche *Intimität*, welche beiderseits *Widerstand* und Zweifel hervorruft (5, S. 23).

In bezug auf diese Widerstände ist ein differenzierendes Vorgehen anzuraten, wobei der Therapeut sein Gefühl prüfen muß. Die Widerstände sind ein Zeichen, daß es dem habituellen Bewußtsein schwer fällt, den unbewußten Inhalt anzunehmen. Es fragt sich dann nur, ob es ihm – wenigstens im Moment – nicht allzu schwer fällt. Solche Widerstände haben oft ihren guten Sinn und eine tiefe Berechtigung und dürfen auf keinen Fall mit Überredung und sonstigen Gewinnungsmethoden überrannt werden. Auch sollen sie nicht verkleinert, entwertet und lächerlich gemacht, sondern ernst genommen werden als vital wichtige *Schutzmechanismen* gegen oft schwer zu bewältigende und übermächtige Inhalte. Im allgemeinen dürfte die Regel gelten, daß die Schwäche des bewußten Standpunktes proportional der Stärke des Widerstandes ist (5, S. 35/36). Wenn der Therapeut also das Gefühl entwickelt, der Widerstand sei ganz erheblich und die Schwäche des habituellen bewußten Standpunktes groß, so wird er sich nicht allzusehr in die Übertragungs-Situation einlassen und viel eher den bewußten (Freud würde sagen »den verdrängenden«) Standpunkt so lange stützen, bis der Patient spontan mit dem Widerstand nachläßt. So können gegebenenfalls psychotische, oft nicht ungefährliche Entwicklungen noch bei Zeiten aufgefangen werden. Der therapeutische Wert der Übertragung ist nämlich oft zweifelhaft. Die Übertragung kann man mit jenen Medikamenten vergleichen, die beim einen als Heilmittel, beim anderen als pures Gift wirken. Ihr Erscheinen bedeutet im einen Fall die Wendung zum Guten, im anderen Verhinderung und Beschwernis, wenn nicht Schlimmeres (5, S. VIII). Es scheint, wie wenn es eine *»unbewußte Selbstregulierung«* geben würde (3, S. 79); die differenzierte Beachtung des Widerstandes heißt Beachtung dieser Regulierung.

Die Intimität in der Übertragungssituation mit ihren Schwierigkeiten des Widerstandes führt bereits hinein in die besondere Problematik der Übertragung. Jung hat versucht, diese im einzelnen sichtbar zu machen. Dies ist aber nicht einfach, weil die Übertragung als Beziehung zwischen Menschen zugleich Einheit und Vielfalt ist. Als menschliches Miteinandersein ist sie die Einheit von Objekt und Subjekt, die im »wir« gegeben ist. Dies ist aber gleichsam nur der Aspekt der »esprit de finesse«. Dieser wendet, wie wir zeigten, den Blick mit Abscheu ab von der Tendenz des »esprit de géométrie«, zu zergliedern und Begriffe anzuwenden; und doch müßte man ja den Standpunkt nur um weniges verschieben, um sofort zu erkennen, wie grundfalsch es ist, so wichtige Grundsätze abzulehnen. Jung stellt in Anbetracht dieses Konfliktes die Übertragung nicht begrifflich-wissenschaftlich, sondern an Hand einer Bilderserie dar (5). Er hat hierfür die Serie des *Rosarium Philosophorum* gewählt (53); sie stammt aus der Mitte des XVI. Jahrhunderts und weist schon durch ihren Titel darauf hin, daß es sich darum handelt, durch Bilder etwas »Philosophisches« auszudrücken. Die Bilder zeigen die Begegnung eines Mannes und einer Frau (»König« und »Königin«) auf symbolischem Hintergrund. Der personale Aspekt der Übertragung wird durch die beiden Personen gegeben, die sich erst bekleidet, dann unbekleidet (also unheimlich intim!) gegenübertreten, sich mit der linken Hand begrüßen (die »Berührung zur linken Hand« zeigt deutlich das Unkonventionelle, Schwierige und oft durch Ungeschicklichkeit Getrübte der Übertragungs-Begegnung) und sich dann im Wasser vereinigen, also gemeinsam unbewußt werden. Die Vereinigung im »wir« als Einheit wird als doppelköpfiger Hermaphrodit dargestellt. Im symbolischen Hintergrund findet sich die psychologische Beziehung. Hier ist es nicht eine Dualität, sondern eine Quaternität, was der Tatsache entspricht, daß sich in der Übertragung nicht nur das habituelle Bewußtsein von Therapeut und Patient, sondern auch deren Unbewußtes mit seinen Komplexen gegenübertritt; man ist also nicht zu zweit, sondern zu viert. In der quaternären Symbolik ist in der Bilderserie eine Tendenz zur Vereinigung nachweisbar, welcher aber auch eine gleichzeitige Vereinigung der beiden Personen »zur rechten Hand« parallel geht. Das heißt, daß die Vereinigung der Gegensätze (welche im Grunde vierfacher, und nicht bloß zweifacher Art sind) durch bewußte Bearbeitung gefördert werden kann, ja ihrer bedarf. Die quaternäre Symbolik, wie sie sich im Hintergrund der Bilderserie zeigt, ist in erster Linie durch Sterne dargestellt. Da der Stern eine allgemeine, jedem zugängliche Erscheinung des Himmels ist, muß angenommen werden, daß die Gegensatz-Problematik, die in den Projektionen der Übertragung und der Gegenübertragung auftritt, unter ganz allgemeinen Gesichtspunkten (»sub specie aeternitatis«) abgehandelt werden sollte. In der Übertragungs-Therapie bedarf es deshalb nicht nur personalistischer, sondern auch überpersönlicher Gesichtspunkte.

Die Gestalten des Unbewußten

In der Entwicklung des Bewußtseins treten fortlaufend neue Fragen auf, die immer wieder individuell neu gestellt und neu beantwortet werden müssen. Es lassen sich aber trotzdem einige typische Probleme herausstellen. Der archaische Charakter der Manifestationen des Unbewußten im Bewußtsein bedingt, daß sich solche Probleme in der Regel nicht als psychologische oder philosophische Fragestellungen zeigen, sondern daß sie meist in bildhafter Gestalt hervortreten.

In der Analyse begegnen wir häufig in erster Linie jenen Phänomenen, die Jung mit den Bildbegriffen der *Persona*, des *Schattens*, der *Anima* und des *Animus* bezeichnet hat.

In der Anpassungsleistung des Bewußtseins an die Kollektivität kommt – wenn sie gelingt – ein einheitliches Persönlichkeitsbild zustande, das aus individuellen und kollektiven Elementen gemischt ist. Deutlich wird dies z. B. in der beruflichen Entwicklung. Es kann ein junger Mann die Neigung empfinden, andere zu heilen, und er kann sich für Frauen interessieren. Wenn er aus diesen Gründen, zu denen wohl noch andere individuelle Gründe kommen, den Beruf eines Frauenarztes wählt, wenn er ihn erlernt und ausübt, so ist der Frauenarzt, der er ist, teilweise ein Abbild seiner individuellen Interessen. Teilweise ist das Bild aber durch ganz andere Faktoren beeinflußt. Die Kollektivität hat Vorschriften über den Studiengang aufgestellt, die ihn prägten. Die medizinische Schule, aus der er hervorging, tat das Ihrige. Seine Kleidung und manches an seinem Auftreten richtet sich nach den Frauen, die er behandelt, und auch nach den Erwartungen, die die Öffentlichkeit mit dem Auftreten eines Arztes verbindet. Das einheitliche Bild, das trotz so divergenter Herkunft letztlich zu Stande kommt, hat eine sehr deutliche Neigung, kollektive Faktoren stärker einzubeziehen als individuelle, denn dadurch wächst der Erfolg. Um die Einheitlichkeit des Bildes zu gewährleisten, hütet sein »Eigentümer« mit einer gewissen Ängstlichkeit sein Eigentums- und Urheberrecht. All das im Individuum, das die Einheitlichkeit stören möchte, wird abgeleugnet. Das Bild, z. B. dasjenige »des im Rahmen dessen, was vor der Öffentlichkeit möglich ist, individuell auftretenden Frauenarztes«, ist mittels einer gewissen Selbsterziehung erreicht und durchaus eine erste persönliche Leistung. Jung nennt diese Synthese aus den individuellen Ansprüchen und den Forderungen der Kollektivpsyche die *Persona.* Es ist positiv, eine Persona zu entwickeln, und wer sie nicht pflegt, wer z. B. als Frauenarzt unrasiert praktiziert, ist entweder ein Lehrling, oder dann herabgekommen. Wer aber eine Persona entwickelt hat, steht in Gefahr, von ihr verführt zu werden. Er beginnt zu glauben, er sei tatsächlich das – und nichts anderes –, als was er vor der Welt dasteht. Da zugunsten des idealen Bildes, zu dem er sich gestaltet hat, manch allgemein Menschliches geopfert werden mußte (3, S. 63), ist aber doch noch vieles in seiner Individualität vorhanden, das er ungenügend anerkennt. Deshalb wird der, der mit der Persona identisch ist, *empfindlich;* allzu leicht geschieht ihm etwas, das ihm ein unwillkommenes Stück seines tatsächlichen Charakters zum Bewußtsein bringen könnte.

Der, der mit der Persona identisch ist, hat also übersehen, daß er trotz seiner Anpassungsleistung noch mit vielen kleineren oder größeren menschlichen Schwächen behaftet ist, die ihn bescheiden stimmen sollten. Geblendet von der so erfolgreich gestalteten Persona verfällt er einer gewissen Aufblähung. Deshalb ist es ein Glück für ihn, wenn ihn seine Selbstsicherheit – die andere schon lange stört – in Konflikte führt. Denn der Konflikt oder eventuell auch eine Neurose (mit der typischen Verstärkung der Intensität der Grenzphänomene des Unbewußten) gibt ihm Gelegenheit, sich von der Persona zu unterscheiden. Er kann erkennen, daß seine schöne Persona lediglich eine Maske ist, die die von der Kollektivität geforderten typischen Züge trägt und bestenfalls etwas individuell angemalt ist (Persona war die Maske, in der der antike Schauspieler seine typische Rolle spielte).

Die Unterscheidung von der Persona kann erreicht werden durch die Analyse der Persona. Das heißt, daß die Maske aufgelöst und daß festgestellt wird, aus welchen kollektiven Erwartungen und individuellen Bedürfnissen sie zusammengesetzt ist.

In der Analyse kann dann auch festgehalten werden, welche individuellen Neigungen zugunsten der Persona unterdrückt wurden. Dies soll keineswegs heißen, daß die Persona vernichtet werden muß. Beseitigt werden soll nur jene Aufblähung, die auf der Identifikation mit der Persona beruht und durch die mancher begabte »Höhere« die Sympathie seiner Untergebenen verscherzt hat. Als Anpassungsinstrumente an die Kollektivität soll andererseits die Persona erhalten werden; je bewußter man sich von ihr unterscheidet, um so bewußter und sorgfältiger kann sie gepflegt werden.

Im Problem der Persona, so wie wir es schilderten, wird nun aber ein neues Problem sichtbar, das bedeutend umfassendere Bedeutung hat. So nützlich nämlich die Entwicklung einer Persona als Anpassungs-Instrument ist, so haftet ihr doch der Nachteil an, daß sie eine Individualität vortäuscht und dennoch nur in sehr beschränktem Umfange eine solche ist. Und wer das nicht weiß, wird zur Identifikation verführt. Diese Tatsache hat einen allgemeinen, ja geradezu banalen Ursprung. Alles, was man tut oder nicht tut, jede Einstellung und jede Anpassungsleistung, hat nämlich seinen Vor- und Nachteil. Und wer nur den Vorteil sieht, verfällt dem Nachteil. Jung nennt dies das Problem des *Schattens.* Wer führt, ist auch ein Diktator, wer umhegt, erstickt auch, wer diskret und verschwiegen ist, kann eventuell auch hinterlistig sein; die Gegensätze bilden nämlich im Grunde ein Ganzes. Man könnte nun einwenden, daß mangelnde Bewußtheit über das Zusammengehören der Gegensätze kein allzu tragisches Problem sei. Denn der Gegensatz klingt ja ohnedies mit, ob er nun bewußt ist oder nicht. Je unbewußter ein Individuum ist, um so eher trifft dieser Einwand auch zu, denn dann klingen die gegensätzlichen Tendenzen in der Einheit der Natur noch harmonisch zusammen. Wird aber ein Bewußtsein entwickelt, das nur den einen Pol des Gegensatzes entwickelt, so beginnt eine störende Dissoziation. Diese ist darauf zurückzuführen, daß, wie wir einleitend ausführten, der Zustand der bewußten Region der Seele nicht ganz analog ist dem der unbewußten Region. Die bewußten Tendenzen werden dauernd durch Argumente und Überlegungen korrigiert und entfernen sich so von der naturhaften Einheit; daher die Divergenz zu den unbewußten Tendenzen. Diese wirken beständig und gleichmäßig, aber auch unelastisch. Dadurch erhalten sie eine naturhafte Schärfe, die peinlich auf die Umgebung wirkt, und niederschmetternd auf den »Schattenträger«, wenn er sie erkennt. Letzteres hat zur Folge, daß die Schattenseite leicht projiziert wird und man sich dann zum Kampfe rüstet, um den »Gegner« zu vernichten; man fürchtet eben, niedergeschmettert zu werden und weiß nicht, daß es die eigene, dunkle Seite ist, die man fürchtet. Die Schattenproblematik bezieht sich im praktischen Leben, wegen der Projektion, mit Vorliebe auf jene Fragen, die durch die psychologische Typologie berührt werden. Das heißt, daß das Innewerden des inferioren Persönlichkeitsanteils (14, S. 568) mit der gegensätzlichen Einstellung (Introversion als Schatten der Extraversion und umgekehrt) oder dann mit der minderwertigen psychologischen Funktion verbunden ist. Es ist aber die *Realisierung des Schattens* kein intellektuelles Problem, sondern ein den ganzen Menschen angehendes Erleben und Erleiden. Dies muß man sich in der praktischen Psychotherapie klar vor Augen halten, damit die Konfrontation mit dem Schatten taktvoll und zart und keinesfalls allzu unvermittelt geschieht. Sonst wird man – im besten Falle – sofort mit einer Projektion behaftet, die den Kontakt unterbricht und eine Fortsetzung der Therapie verunmöglicht. Es ist nämlich immer wieder bemerkenswert, mit welcher Panik vor dem eigenen Schatten die Flucht ergriffen wird. Will der Therapeut vermeiden, daß der Patient durch die Schattenprojektion – die ja im Grunde durchaus positiv wäre – verscheucht wird und, wie man es ja oft hört, »leider zur nächsten Konsultation nicht mehr gekommen ist«, so wird er hier Schritt für Schritt vorgehen.

In der Dunkelheit des Schattens zeigt sich aber ein Gesicht. Die »Luminositas«, die Region, in der ein unverantwortliches Bewußtsein durch Manifestationen des Unbewußten bestimmt wird, hat geradezu den Charakter einer zweiten Persönlichkeit. Wenn einer also ungenügend unbewußt handelt, so erscheint er als ein Anderer. Das Gesicht, das sich so im Schatten zeigt, hat Jung als *Anima* beim Manne, und als *Animus* bei der Frau bezeichnet. Die Geschlechtsbetonung dieser Ausdrücke will besagen, daß der zu wenig bewußte Mann wie ein Weib, die zu wenig bewußte Frau aber wie ein Mann handelt. Auch hier wieder, wie beim Schatten, verleiht das Naturhafte des Unbewußten diesen Manifestationen häufig einen störenden Charakter.

Animus und Anima zeigen sich im Affekt besonders deutlich. Es zeigt sich dann auch, daß in der Entwicklung diese beiden Gestalten meistens zunächst an die Eltern-Bilder *(Eltern-Imagines)* gebunden sind. Ein einfaches Beispiel: Kritisch und aufgeregt besichtigt ein junger Mann die neue Wohnung eines Bekannten, dem er ohnedies nicht allzu gewogen ist; vielleicht beteuert er zwar das Gegenteil, aber er hat eben doch einen Komplex auf ihn, weil der Freund typologisch seine minderwertige Seite widerspiegelt. Da zeigt sich die Anima. Durch die mit der Schattenprojektion verbundene Affektivität wird sie hervorgerufen (wie auch umgekehrt die animöse Reaktion ein schattenhaftes Verhalten des Individuums bewirkt). Unser junger Mann beginnt also mit Eifer die Wohnung seines Freundes zu bemängeln, meist etwas abschätzig, oft scheinbar lobend, aber immer treffsicher verletzend. Der Freund ist verärgert. Ein Beobachter aber, der die Familie unseres jungen Mannes kennt, würde mit Erstaunen feststellen, daß der junge Mann ja gar nicht sieht und urteilt wie sonst. Er sieht und urteilt wie die Karikatur eines Weibes, und zwar eines Weibes, das dem Beobachter merkwürdig bekannt vorkommt. Der sieht ja, mag er ausrufen, gar nicht mit den eigenen Augen, und er redet nicht mit dem eigenen Mund. Das hat er ja alles von seiner *Mutter,* er sieht mit den Augen der Mutter, und die Mutter spricht aus ihm.

Ist der Beobachter ein Analytiker, der z. B. wegen des Konfliktes mit dem Freund konsultiert wurde, so hat er eventuell Gelegenheit zur Analyse. Er wird die störende affektive Reaktion auf den Einfluß der Mutter des Patienten zurückführen können. Er wird ihm helfen können, seine Mutter als die bereits ältere Frau zu sehen, die sie ist, mit allen ihren menschlichen Vorzügen und Fehlern. Eine solche Erkenntnis untergräbt nicht das Verhältnis zur Mutter, sondern fördert es im Gegenteil, denn nun ist es möglich, der Frau, die die Mutter war, nicht mehr infantil, sondern erwachsen und von Mensch zu Mensch zu begegnen. Dringt die Analyse weiter vor, so wird oft auch gesehen, daß viele der Eigenschaften der Mutter wiederum von ihren Eltern oder gar Großeltern und deren ungelöster Problematik geprägt sind; andere Menschen der älteren Generationen spielen vielleicht auch eine Rolle, und ganz allgemein kann hier der Zugang gefunden werden zum Ahnenproblem: Von den Ahnen her sind wir bestimmt »bis ins dritte und vierte Glied«; dies ist der psychologische Aspekt der Heredität. Und die Probleme, die die Ahnen als Fragen hinterlassen haben, sind als Aufgaben zu erkennen, denn andernfalls lastet die ungelöste Problematik auf dem Menschen und heißt dann einfach »erhebliche Belastung«.

Die Rückführung der störenden Affektivität auf die Mutter und die Ahnen ist von sehr großem Wert. Sie hilft dem Patienten erkennen, auf welchem Boden er steht. Jung nennt diesen Teil der Analyse das *kausal-reduktive Verfahren* (2, S. 116). Dieses Verfahren entfaltet aber seinen Sinn nur, wenn man nicht an einzelnen Begegnungen mit dem ursächlichen Faktor (hier der Mutter) stehen bleibt, sondern sich auch mit dem wirklichen *Gehalt* jenes Faktors (hier des Menschen, der Mutter hieß) beschäftigt. Denn es muß zu einer echten Begegnung kommen.

Das reduktive Verfahren erweist sich aber auch dann noch als ungenügend. Der junge Mann hat nämlich an seiner Mutter weit mehr erlebt, als nur den Menschen Mutter. Jung sagt hiezu: »Der positive Aspekt der Mutter ist jenes Bild der Mutter, welches zu allen Zeiten und in allen Zungen besungen worden ist. Es ist jene Mutterliebe, welche zu den rührendsten und unvergeßlichsten Erinnerungen des erwachsenen Alters gehört. Mutter ist Mutterliebe, ist mein Erlebnis und mein Geheimnis. Man hat es zwar immer getan, und wird es immer wieder tun, aber ein Wissender kann jenes ungeheure Gewicht an Bedeutung, an Verantwortung und Aufgabe, an Himmel und Hölle nicht mehr auf jenen schwachen und fehlbaren, der Liebe, der Nachsicht, des Verständnisses und der Verzeihung würdigen Menschen, der uns Mutter war, überwälzen« (14, S. 111). Man löst keinen Mutterkomplex dadurch, daß man die Mutter einseitig auf menschliches Maß reduziert, gewissermaßen »berichtigt«. Der junge Mann muß also begreifen, daß das Mütterliche auch ein Allgemeines ist. Das Umfassende und Bewahrende, aber auch das Gefährliche und Verschlingende der Mutter als allgemeines Bild muß ein reifes Bewußtsein kennen. Jedenfalls kann keiner, der es nicht kennt, eine geistige Tätigkeit von allgemeinerer Bedeutung erfolgreich ausüben. Um es in einem Beispiel praktisch zu sehen: Einer, der die positiven und negativen Seiten des Mütterlichen nicht begriffen hat, kann nie ein guter Direktor einer Schule werden, denn die Schule, die auch bewahren und hegen soll, würde unter ihm Schaden leiden. Dieses Bild der Mutter wird, wenn man es derart unter einem allgemeinen Gesichtspunkt betrachtet, zu einem allgemeinen und verständlichen Ausdruck integriert und nicht auf seine persönlichen Voraussetzungen zurückgeführt. Dies zweite

Verfahren nennt Jung das *synthetische Verfahren* (2, S. 117).

Das reduktive Verfahren eröffnet demnach den Zugang zum persönlichen Unbewußten und von dort aus allenfalls zu den Gestalten der Vorfahren. Das synthetische Verfahren öffnet die Augen für die Bilder des kollektiven Unbewußten, die Probleme darstellen, welche alle angehen. Wird die Analyse bei unserem jungen Manne in diesem doppelten Sinne durchgeführt, so kann die Mutter, mit der er sich im Affekt identifizierte, als Mensch und als allgemeines Prinzip gesehen werden. Dadurch wird der Mutterkomplex überwunden. Es erweist sich aber, daß die üble Gewohnheit, im Affekt wie ein Weib zu reagieren, hierdurch nur ungenügend behoben ist. Der unbewußte Seelenteil, der sich im Weibisch-Sein des jungen Mannes zeigt, ist ja auch durch Rückführung auf die persönliche Mutter und auf das allgemeine, mütterliche Prinzip nur teilweise geklärt. Insbesondere ist die unangepaßte Affektivität, welche nicht die Mutter, sondern die »Karikatur der Mutter« heraustreten läßt, nicht erfaßt. Etwas nämlich, was weibisch ist, ruht auch im Individuum des jungen Mannes selbst. Dieses Weibische hat Jung als *Anima* bezeichnet (3, S. 132). Die Affektivität der Anima kann durch kein Verständnis für den Menschen Mutter und durch kein Erfassen des Bildes Mutter beseitigt werden. Dieser Affektivität muß im *Erlebnis* begegnet werden.

Die praktische Lösung ist hier das Erlebnis in der Projektion. Das heißt Begegnung mit der Frau. An der Frau kann der positive und der negative Aspekt der eigenen Affektivität erfüllt werden, und wenn dies voll befriedigend gelingt, so gilt der Ausdruck wort-wörtlich: »Meine bessere Hälfte«. Dann besteht eine vollständige seelische Vereinigung, eine gegenseitige Einheit in der »participation«. Es kommt auch beim Manne eine wirkliche Entwicklung der Anima-Problematik kaum je zustande ohne Begegnung mit der Frau.

Die Begegnung mit der Frau kann aber, sobald die Entwicklung zur Bewußtheit drängt, die Anima-Problematik nicht vollständig lösen. Und zwar deshalb nicht, weil die soziale Entwicklung mit Entschiedenheit fordert, daß diese Begegnung mit einer Frau vollzogen werden soll, die familiär vom Manne verschieden ist. Diese Forderung mit ihrem *Inzest-Verbot* entspricht dem, was Jung die *exogame Tendenz* (5, S. 115) nennt. Die Anima will aber mehr, sie will – entsprechend ihrer *endogamen Tendenz* (5, S. 115) – etwas, was noch am ehesten eine »Bruder-Schwester-Ehe« wäre und im Grunde die Vereinigung mit dem eigenen Unbewußten ist, aus dessen »luminositas« das Animabild hervortritt. Wegen dieser inzestuösen Neigung zeigt sich die Anima zuerst an der Mutter. An der Gattin kann sie meist nur mit mehr oder weniger Mühe »untergebracht« werden, der Mann ist immer wieder enttäuscht, daß die Frau nicht seinem Ideal entspricht, die Projektion zeigt sich also deutlich, indem die erhoffte und nie ganz erreichte Einheit der Kritik unterstellt wird. Allsogleich äußert sich die Anima im verletzend-weibischen Verhalten des Mannes, die Frau bleibt natürlich auch nicht stumm – auch sie hat ihre Problematik! –, und der Ehekonflikt ist da.

Wenn dann der Mann erneut und vergeblich versucht, seine weibische Anima in der Projektion zu finden, so wird die Entwicklung meistens ungünstig und führt zu unerfreulichen Ehebrüchen und zu Scheidungen. Zugegeben, manchmal ist die vorliegende Verbindung von Mann und Frau so ungünstig, daß eine neue gesucht werden sollte, aber in der Regel sollte der Mann nun doch erkennen, daß er in der Anima sich selber sucht. Er sollte endlich mit seiner aus mangelnder Bewußtheit stammenden Affektivität ins Gespräch kommen. Denn, wenn er darauf hören lernt, was ihm ein Affekt sagen will, wenn er vor allem erkennt, daß er dort affektiv geladen wird, wo er zu wenig klar-bewußt sieht, dann kann er sich mit jenem Gesicht, das aus der Dunkelheit des Schattens herausschaut, in Beziehung setzen. Die Anima wird ihm dann zu einem wichtigen Grenzphänomen des Unbewußten. Gelingt es ihm, sich mit ihr zu einigen, indem er in der Auseinandersetzung mit ihr zur Synthese gelangt, so kann er ein ganzer Mensch werden.

Wir haben ausgeführt, daß die passive Phantasie und der Konflikt wichtige Beziehungs-Instrumente zum Unbewußten seien. Die Gestalt der Anima zeigt sich im passiven Phantasieren als Frauengestalt, im Konflikt als weibliches Gegenüber (was auch ein animöser, weibischer Mann sein kann!). Wenn wir darüber hinaus feststellen können, daß das Gespräch des Mannes mit seinem Affekt sich genau so gestalten sollte, wie wenn er mit einer Person reden würde, so begreifen wir, daß Jung die Anima mit einem Begriff dargestellt hat, der das Bild einer Frau gibt. Die Vereinigung mit diesem personifizierend dargestellten (28, S. 54)

Inhalt des Unbewußten bedeutet Vereinigung mit jener Komponente im Manne, die – trotz Scheidung der Geschlechter – weiblich ist. Da der Mann selbstverständlich primär ein männliches Bewußtsein hat, ist seine weibliche Seite unbewußt und zeigt sich als Grenzphänomen zum Bewußtsein. Formal sind demnach Phantasie und Konflikt, inhaltlich aber ist die Anima das wesentliche Beziehungs-Instrument des Mannes zum Unbewußten.

Analoge Verhältnisse finden wir bei der Frau. Die Analyse des *Vaters* als Mensch und als allgemeines Bild, das seinerseits Ordnung und Richtung vermittelt (39, S. 415), enthüllt die Gestalt des Animus. Dieser ist die Figur, die der Frau die Beziehung zum Unbewußten vermitteln kann. Anima und Animus sind aber, trotz ihrer analogen Funktion, ebenso verschieden wie Vater und Mutter. Die Anima ist einheitlich, wenn sie auch ihre Gestalt wandelt; Launen und Stimmungen sind mit Vorliebe die Form ihrer Affekte. Der Animus ist bedeutend starrer und zeigt bemerkenswerterweise eine Vielzahl von Gesichtern. Der Mann kennt diese Gesichter gut: Wo eine Frau zu unbewußt ist und statt ihrer der Animus spricht, da hat sie eine Mehrzahl von Meinungen, an denen sie starr festhält und die sich häufig derart widersprechen, daß man meinen könnte, es redeten verschiedene Männer, die sich über überhaupt nichts einig seien. Ganz besonders stört den Mann das Unzusammenhängende in den verschiedenen Animus-Meinungen, so daß sich ja die Männer darüber einig sind, die Frauen seien »unlogisch«. Der Animus ist nämlich so etwas wie eine Versammlung von Autoritäten (3, S. 151), die ex cathedra unanfechtbare, »vernünftige« Urteile aufstellen; mit Vorliebe nehmen diese Urteile die Form von Prinzipien (»man machte es immer so«), oder dann die Form des sogenannten gesunden Menschenverstandes an, wobei es aber eine Frau gar nicht stört, wenn ihr »Menschenverstand« und ihr »Prinzip« in unsinniger Weise divergent sind. Das ist ohnedies nicht wichtig, denn dem Animus ist es vor allem daran gelegen, einen nebensächlichen, schwachen Punkt in den Argumenten des Mannes zur sinnwidrigen Hauptsache zu machen. Es wäre aber sinnreicher, wenn die Frau sich von den Meinungen des Animus unterscheiden würde, mit ihnen ins Gespräch käme und so Zugang zu ihrer minderwertigen, männlichen Hälfte finden würde.

Die Tatsache, daß die Frage nach Anima und Animus häufig

aus einem Ehekonflikt erwächst, bedarf noch einer besonderen Beleuchtung. Wir haben hervorgehoben, daß die »exogame« Bindung der Geschlechter die Notwendigkeit der Vereinigung mit der eigenen Gegengeschlechtlichkeit, den »endogamen Trieb«, nur ungenügend zu erfüllen vermag, da in der Ehe Mann und Frau herkunftsmäßig verschieden sind. Die ideale Ehe als »Seeleneinheit«, wie sie das Mittelalter postulierte, gehört deshalb zu den Seltenheiten. In der Regel kommt es zu jenen Störungen, die Animus und Anima hervorrufen, und hier gibt es nun eine typische Entwicklung. Es ist fast in jeder Ehe der eine Teil stärker als der andere. Einer umfaßt den anderen und befriedigt ihn in seinen Erwartungen hinreichend. Der andere ist eingeschlossen in das, was ihm genügt. Jung unterscheidet deshalb in der Ehe den *enthaltenden* und den *enthaltenen* Partner (20, S. 300). Der Enthaltende ist der differenziertere, der Enthaltene der einfachere Partner. Es ist immer wieder eindrücklich, wie schwere seelische Störungen entstehen können, wenn Einer, der gemäß seiner Differenzierung der Enthaltende sein sollte, hofft – z. B. aus einem Mutterkomplex heraus – der Enthaltene sein zu dürfen. Denn der Differenziertere steht vor dem schweren Problem, daß er im Einfacheren nicht aufgehen kann. Er ist es also, bei dem sich zuerst die Anima/Animus-Problematik zeigt. Er muß mit ihr als Konflikt und Problem fertig werden. Der Einfachere bemerkt dann die Problematik erst allmählich. Für ihn bedeutet dies die Bestätigung der – seit langem bemerkten – Unsicherheit. Der Enthaltene muß deshalb das Problem Anima/Animus in der Enttäuschung bearbeiten. Er wird seine innere Zerrissenheit, wenn er die Problematik bearbeiten will, mit all ihren Emotionen auf sich nehmen müssen. Es kann sich also die Animus/Anima-Problematik in der Ehe (aber natürlich auch in anderen menschlichen Beziehungen) zuerst als »Überborden aus der Erfüllung« oder als »Leere in der Erfüllung« zeigen. Im Einzelfall ist dann aber die Diagnose, ob das Problem des Enthaltenden oder das des Enthaltenen vorliege, äußerst hilfreich, wenn es gilt, die Animus/Anima-Frage zu beantworten.

Die Archetypen

In der Auseinandersetzung mit der eigenen Affektivität wird das Verhalten des Individuums der Kritik unterstellt. Es stellt sich dann die Frage nach dem richtigen und nach dem falschen *Verhalten.* Teilweise kann diese Frage auf Grund der persönlichen Anamnese beantwortet werden, und dann betrifft sie in der Analyse der Phänomene des Unbewußten das persönliche Unbewußte. Teilweise aber betrifft die Frage nach dem Verhalten allgemeine und umfassende Gesichtspunkte, die gleichermaßen das Individuum und alle angehen, und die in der Analyse Faktoren des kollektiven Unbewußten sichtbar machen. Wir haben bereits versucht, den persönlichen und den kollektiven Aspekt dieser Fragestellung an Hand der Analyse des Mutter-Bildes darzustellen. Überwiegt in einem solchen Bilde die kollektive Seite, so erhält die betreffende Gestalt – die als inneres Bild oder auch außen erlebt werden kann – eine erhöhte Bedeutung. Sie wird aber auch archaisch-mythologisch und erhält so *Numinosität* (14, S. 539). Eine solche Gestalt erscheint als Träger von erheblicher seelischer Energie, weshalb Jung sie als *Mana-Persönlichkeit* (3, S. 185) bezeichnet. Die Begegnung mit ihr in der Analyse ist gar nicht ungefährlich. Wenn nämlich im kollektiven Aspekt nicht das Grundsätzliche, das richtiges Verhalten vermittelt, begriffen wird, sondern wenn das Individuum sich mit der Mana-Persönlichkeit identifiziert, so entsteht eine bedenkliche Inflation. Das Individuum fühlt sich als »Weisheits-Träger«, wirkt jedoch auf die Umgebung in keiner Beziehung weise. Man hält sich für bedeutend, während man doch nur in einer Situation von allgemeiner Bedeutung ist – ein wahrlich lächerliches, wenn nicht tragisches Mißverständnis.

An sich besteht aber beim Individuum eine Bereitschaft, in typischen Situationen von allgemeiner Bedeutung typisch zu reagieren. Die Reaktion des Individuums ergibt dann eine typische Form des Verhaltens. Diese Tatsache ist die Grundlage der *Archetypen* (14, S. 596). Solange über die typische Form des Verhaltens kein unterscheidendes Bewußtsein entwickelt ist, hat diese allgemein verbreitete und typische (archetypische) Grundlage den Aspekt des *Instinktes* (7, S. 271). Diesem entspricht das instinkthafte Verhalten, dessen typische Form im englischen

Ausdruck *»pattern of behaviour«* (14, S. 558) vielleicht am besten erfaßt ist.

In der Analyse treten die Archetypen dann in Erscheinung, wenn der Instinkt zum *bewußten* Problem wird. Dies ist dann der Fall, wenn ein Mensch in eine Lage gekommen ist, wo er sich fragen muß: Bin ich in einer typischen Situation? Und wenn ja, welches typische Verhalten ist erforderlich? Ist er dann nicht imstande, eine befriedigende bewußte Antwort zu geben, so kann an Hand der Grenzphänomene des Unbewußten im Bewußtsein, der Träume, Phantasien, Projektionen oder Einfälle, eine Orientierung gesucht werden. Es zeigt sich nun aber, daß dann, wenn die Problematik allgemeiner Natur ist, die ihr entsprechenden Vorstellungen, die Träume, Phantasiebilder und projizierende Erlebnisse, formal und inhaltlich *mythologischen* Charakter annehmen. Diese mythologischen Bilder sind gleichsam »Selbstabbildungen des Instinktes« (7, S. 274). Sie sind das archetypische *Bild*, das als Grenzphänomen des Unbewußten dann ins Bewußtsein tritt, wenn die typische Verhaltensform nicht oder nicht vollständig erfüllt wird. Dann nämlich wirkt das Unbewußte kompensatorisch und gibt in archaisch-mythologischer Form eine Anleitung, wie die Lage eigentlich anzusehen wäre, und was zu tun sei. Dabei sind – wenigstens fast immer – die einzelnen Gestalten des archetypischen Bildes durch die subjektiven Erlebnisse des Individuums bestimmt; so wird z. B. beim Manne die Mutter-Gottheit, die das bewahrende, weibliche Lebensprinzip umschließt, in Träumen oder Phantasien zunächst durch die Vorstellung der natürlichen Mutter dargestellt, allenfalls auch durch ein anderes mütterliches Frauenbild, dem der Mann begegnete. Erst die nähere Analyse einer solchen Mutter-Vorstellung ergibt, daß sie nicht mit der natürlichen Mutter identisch ist, sondern einen bedeutend weiteren Umfang hat, so daß ein mythologisches, göttliches Mutterbild sichtbar wird.

Die archetypischen Bilder lassen sich bei jedem Individuum, bei allen Völkern und in allen Zeitaltern nachweisen. Es handelt sich dabei nicht um vererbte Vorstellungen, sondern um eine allgemein beim Menschen vorhandene Veranlagung, in typischen Fällen nicht nur typisch zu reagieren, sondern auch *typische Vorstellungen* zu entwickeln. Da, wie erwähnt, die Einzelzüge meistens mehr oder weniger subjektiv geprägt sind, erweist sich zum Verständnis der archetypischen Bilder das Verfahren der Amplifikation als ganz besonders geeignet. Der Psychotherapeut sollte über eine ausgedehnte Kenntnis der mythologischen Vorstellungen bei Kulturvölkern und primitiven Völkerschaften verfügen, damit die allgemeine Bedeutung archetypischer Bilder mittels Vergleichsmaterial herausgearbeitet werden kann. Im Grunde hat schon Freud diesen Weg gewiesen, als er – was Jung tief beeindruckte (1, S. 3) – den Mutter-Sohn-Konflikt mit dem gewaltigen antiken Dramenstoff der *Ödipussage* verglich.

In der Rückführung auf den Instinkt erkennen wir aber nur die eine Seite des Archetypus und des archetypischen Bildes. Ein archetypisches Bild umschließt auch immer einen *geistigen* Gesichtspunkt, den nur der auf den Instinkt reduzieren kann, dem der Sinn für Proportion abgeht. Es darf auch nicht übersehen werden, daß ein Archetypus nur dann im Bilde manifest wird, wenn der Mensch, welcher bewußt wird und einen Willen entwickelt, mit seinem Handeln das »pattern of behaviour« nicht mehr ganz erfüllt. Erst dann antwortet das Unbewußte mit der Mahnung des archetypischen Bildes. Das Bild tritt also dann auf, wenn die Bewußtseinsentwicklung als geistiger Prozeß mit der Instinktgrundlage in Widerspruch gerät. Deshalb drückt sich im Bilde nicht nur der Instinkt aus, sondern auch der geistige Fixpunkt, nach dem sich das Bewußtsein orientieren sollte. Das Bild der Freiheit z. B., das aus dem individuellen Material herausgearbeitet wird, drückt als allgemeines Bild nicht nur den Instinkt des Lebewesens, Einsperrung und Zwang abzuschütteln, aus, sondern gleichzeitig ruht auch in ihm jener hohe geistige Wert der Freiheit, der den Menschen immer wieder veranlaßt, *prometheisch* gegen die Instinktfessel zu revoltieren. Der Archetypus ist deshalb keine Instinktgrundlage, sondern er zeigt sein Gesicht, das Bild, in der Spannung zwischen Instinkt und Geist. Vielleicht ist diese Spannung überhaupt die Quelle alles Psychischen (14, S. 532).

Die geistige Seite des Archetypus tritt insbesondere dort deutlich hervor, wo sein Bild nicht im individuellen Material als Grenzphänomen des Unbewußten ins Bewußtsein tritt, sondern wo sein Bild, als Richtpunkt und als Halt (wie die Freiheit), bereits im *kollektiven Bewußtsein* vorhanden ist. Es gilt dies ganz besonders für alle *religiösen Vorstellungen.* Hier wäre die Rückführung auf den Instinkt eine unsinnige Konstruktion, während ihre geistige Grundlage offensichtlich ist. In der religiösen Vorstellung wird auch besonders deutlich sichtbar, auf welche Weise die archetypische Vorstellung eine typische Einstellung und ein typisches Handeln vermitteln kann. Wer es einmal erlebt hat, wie ein Schwergeprüfter sich im Glauben wieder aufrichtete und mutig weiterschritt, der weiß, in welcher Weise eine »allgemeine Vorstellung« typisch-richtiges Handeln vermittelt. Daß eine solche archetypische Vorstellung wirkt, und daß sie geistigen Charakter hat, läßt sich feststellen. Über das aber, was als *Wesen* hinter dem Phänomen des Geistes steht, Aussagen zu machen, überschreitet die Möglichkeiten einer empirischen Psychologie (21, S. 10).

Unter den Formen, in denen der Archetypus sich zeigen kann, hat Jung besonders die der *Quaternität* hervorgehoben. Im religiösen Bereich zeigt sich diese z. B. in der christlichen Trinität, der als Viertes der Diabolus gegenübersteht (11, S. 395). Als Bild dargestellt, sei es in geistesgeschichtlichen Materialien, sei es im Patientenmaterial, nennt Jung die auf ein Zentrum bezogene quaternäre Anordnung das *Mandala*, in Analogie zu den tibetanischen quadratischen Kontemplationsbildern, in denen ein reiches Figurenmaterial quaternär angeordnet ist (60, S. 60). Am Menschen wird die Quaternität sichtbar an den vier psychologischen Funktionen, von denen die *vierte* – als minderwertig – zum individuellen Problem wird. In der Spannung zwischen Geist und Instinkt hat überhaupt einer der vier Faktoren, aus denen die Quaternität zusammengesetzt ist, *abweichenden Charakter* und wird zum Problem; deutlich ist dies ja beim Diabolus. Psychotherapeutisch ist die Quaternität in der Übertragung, im Bewußtsein von Therapeut und Patient, und im Unbewußten von Therapeut und Patient, nachweisbar. Hier ist das »Vierte als Problem« das Unbewußte des Therapeuten, und es beruht deshalb interessanterweise die Notwendigkeit einer *Lehranalyse* auf dem Archetypus der Quaternität. Das erklärt, weshalb Analysen, die durch Nichtanalysierte durchgeführt werden, meistens »verteufelt dumm« herauskommen. Die Quaternität zeigt hier in augenfälliger Weise die Funktion des Archetypus als *Anordnungsfaktor, der typisches Handeln* erlaubt: Wenn sie durch mangelnde Beachtung des Unbewußten des Therapeuten nicht erfüllt ist, entsteht Unordnung.

Die Beziehung des Archetypus zum Geist auf der einen Seite und zum Instinkt auf der anderen Seite ergibt klinisch-psychologische und therapeutische Probleme, die ich im folgenden kurz und im Sinne eines vorläufigen Überblicks schildern möchte. *Geist* und *Instinkt* erscheinen in der Phänomenologie des Archetypus als Gegensatzpaar. Demzufolge muß die Darstellung der Probleme, die sich auf dieses Gegensatzpaar beziehen, *symmetrischen* Charakter haben. Denn die Pole des Gegensatzes bedingen sich gegenseitig, weshalb – wie Pauli hervorhebt (26, S. 163) – jede Darstellung des Gegensatzes, die asymmetrisch ist, verdächtig wird auf einen Fehler.

Wir haben gesagt, daß der Archetypus dort *konstelliert,* d. h. zum Problem wird, wo die Frage nach dem richtigen und typischen Verhalten gestellt ist, aber im Moment nicht beantwortet werden kann. Es besteht also eine Schwierigkeit, zum richtigen und typischen Handeln zu gelangen. Es entsteht deshalb in der Seele des Individuums ein Konflikt; dieser besteht darin, daß sich der Mensch – infolge nicht-adäquater Einstellung – zerrissen fühlt zwischen den Ansprüchen des Instinktes und des Geistes. Wenn aber der Konflikt ein archetypisches Problem, also ein solches von allgemeiner Bedeutung, betrifft, so ist seine Folge ein *sehr großer Affekt.*

Der affektive Konflikt wird innerhalb der Psyche des Individuums durch zwei gegensätzliche Kräfte energetisch sichtbar. Auf der Instinktseite wird die Lösung in der automatischen und gebundenen Form gefordert, welche dem *Triebe* eigen ist. Auf der geistigen Seite aber ist die seelische Richtung beweglich und einer weiteren, freieren Anwendung fähig und hat den Charakter des *Willens* (14, S. 532). Unter diesem Aspekt ist der Konflikt ein Widerspruch zwischen Trieb und Willen.

Die Auswirkungen des affektiven Aufruhrs führen aber über das Gebiet des rein Psychischen hinaus in Grenzgebiete der Psyche, die höchstens bedingt psychisch sind und die Jung, in Anschluß an E. Bleuler (32, S. 11) als *psychoide* Regionen, in denen keine seelischen, sondern »seelenähnliche« Vorgänge stattfinden, bezeichnet hat (14, S. 525). Setzt der Affekt wesentliche Störungen in den psychoiden Regionen, so entstehen pathologische Störungen, die das Ausmaß der Neurose als Anpassungsstörung überschreiten.

Die Störung der »psychoiden Region« wird dann auf der *Instinktseite* sichtbar, wenn die Voraussetzungen zur geistigen Erfassung des archetypischen Problems ungenügend sind. Dann wirkt sich der Affekt im Körper aus. Es hat ja, wie L. Binswanger bewies, jeder affektive Komplex seine Auswirkung im Körper (33). Der archetypische Affekt kann aber nicht nur zu Störungen führen, wie sie im psycho-galvanischen Versuch nachweisbar sind, sondern zu eigentlichen Körperkrankheiten, wie hormonalen Störungen, Stoffwechselanomalien, Herz- und Gefäßkrankheiten sowie – durch Herabsetzung der Resistenz – zu Infektionskrankheiten. Jung vermutet darüber hinaus, daß der Affekt eine spezifische toxische Störung setzt (23, S. 50). Diese hat die Tendenz, im Individuum die bedrängende Problematik (den pathogenen Komplex) auszulöschen, also gleichsam einen resignierten Verzicht herbeizuführen. Solange aber die Problematik noch besteht, manifestiert sich der ungenügend berücksichtigte geistige Gesichtspunkt durch Einbrüche, die ebenso energisch wie unverständlich sind. Die Ideen, die eigentlich die Richtpunkte der freien Willenshandlung sein sollten, treten völlig autonom und unverstanden, gleichsam »triebmäßig«, als *Wahnideen* auf. Und wenn dann die körperliche Reaktion als psychoider Vorgang die Problematik auslöscht, ist eventuell der *geistige Tod* in Form der schizophrenen Demenz die Folge.

Auf der *geistigen Seite* wird die Störung der »psychoiden Region« dann manifest, wenn das Individuum instinktlos ist. Die geistige Seite des archetypischen Problems zeigt sich ja dort, wo die »prometheische« Bewußtseinsentwicklung dem Rufe des Geistes folgen und sich aus den Fesseln des Instinktes befreien will. Liegt dann der Akzent des Konfliktes zu sehr auf der geistigen Seite, so fehlt allzusehr die Hilfe des Instinktes. Damit geht aber ganz allgemein die spontane Sicherheit in der Beziehung zur Welt zurück. Dies führt (analog wie beim Geistmangel) zu einer körperlichen Gefährdung, die aber nicht von innen, sondern von außen kommt. Infolge des Instinktmangels kommt es nämlich zu Zusammenstößen mit der Welt, die u. a. *körperliche Unfälle* sein können. Auch hier manifestiert sich der ungenügend berücksichtigte Gesichtspunkt, der diesmal der instinktive ist, durch Einbrüche, die autonom sind und nicht verstanden werden. Kleine und große Ereignisse und Dinge nämlich, mit denen der Mensch zusammenstößt, lösen einen Schock aus, der sich in Erstaunen, Unglauben oder Ärger zeigt. Ein solcher Mensch ist umgeben von bemerkenswerten Zufällen. Die Welt, welche Orientierungspunkt für das instinktiv richtige Verhalten sein sollte, tritt autonom und unverstanden ins Blickfeld des Menschen; F. Th. Vischer hat dieses Symbol geistvoll die *»Tücke des Objekts«* genannt (58, S. 20). Die Schwierigkeit mit der Welt kann derartige Ausmaße annehmen, daß sich der Mensch resigniert von der Welt zurückzieht und auf das vom Archetypen geforderte Handeln verzichtet. Nicht selten führt aber die Instinktlosigkeit mit ihrer affektiv betonten Besessenheit auch zum *körperlichen* Unfall, der *tödlich* ist.

So kann mangelnde Berücksichtigung des geistigen Gesichtspunktes zum geistigen Tode, und Mangel des instinktiven Gesichtspunktes zum körperlichen Tode führen. Selbstverständlich ist eine solche schematische Darstellung höchst unvollständig, aber es muß doch betont werden, daß dort, wo ein Archetypus konstelliert ist, eventuell *Lebensgefahr entsteht.* Naheliegend wäre eventuell die Annahme, daß die Richtung, in der die Gefahr liegt, mit dem Einstellungs-Typus verbunden sei, daß also der nach innen angepaßte Introvertierte im Außen, z. B. durch Unfall, und der nach außen angepaßte Extravertierte im Innern, evtl. durch toxische Störung gefährdet sei. Infolge des großen Affektes, der im Zusammenhang mit einer Anpassungsschwierigkeit von allgemeiner (archetypischer) Bedeutung auftritt, liegen die Verhältnisse jedoch oft gerade umgekehrt. Im Affekt ist die minderwertige Gegeneinstellung konstelliert, während die an sich hochwertige habituelle Einstellung infolge eines ebenfalls affektiv bedingten »abaissement du niveau psychologique« versagen kann. Deutlich sichtbar wird dies klinisch bei der Extraversion, wenn das Individuum in manischer oder submanischer Verfassung verunfallt. Bei der Introversion hingegen zeigt sich, daß z. B. Schizophrene, die in ruhiger Gemütsverfassung für körperliche Störungen oft unglaublich wenig anfällig sind, in akuten Erregungszuständen zu endotoxischen Reaktionen (sog. perniziöse Katatonie) neigen, die oft hochgradig gefährlich verlaufen.

Aus dem Gesagten ergeben sich psychotherapeutische Rückschlüsse. Dort, wo der Mensch infolge von Instinktmangel mit der Welt zusammenstößt und an der »Tücke des Objektes« leidet, muß die Beziehung zum Objekt, die der Instinkt will und die in der Einheit von Subjekt und Objekt gegeben ist, wieder hergestellt werden. Es muß versucht werden, in den scheinbar sinnlosen und gefährlichen Zufällen, die den Menschen gefährden, einen Sinn zu finden. Dies wird nach Jungs Vorschlag erreicht, indem das Verhältnis des Menschen zum störenden Zufall einer Betrachtung unterstellt wird, die auf den ersten Blick geradezu den Charakter einer »Wahnidee« hat. Diese Idee lautet: Zufälle sind sinnreich. Dort, wo störende Zufälle auftreten, hat die umgebende Welt psychoiden Charakter. Die anscheinend störenden Zufälle sind daraufhin zu untersuchen, inwiefern sie mit dem Menschen verbunden sind und wohin sie ihn führen wollen. Folgt er ihnen, so wird das instinktiv richtige Verhalten wieder erreicht und die typische Handlung ausgeführt, die der Archetypus fordert. Dann hat der Geist den Instinkt gefunden. Daß Zufälle anscheinend sinnlos, bei näherer Untersuchung aber sinnreich sind, hat Jung zum Begriff der *Synchronizität* geführt (26, S. 1), der einen Zusammenhang beschreibt, welcher nicht kausal ist, sondern im Sinn gegeben ist.

Auf der anderen Seite empfiehlt Jung dort, wo der Mensch infolge von Geistmangel in Gefahr steht, von Ideen überwältigt zu werden, ein Vorgehen, das nahezu wie ein rein zufälliges und sinnloses Tun erscheinen könnte. Es scheint ihm günstig, wenn der Patient rein spontan und unbefangen etwas gestaltet, z. B. Bilder malt. Im scheinbar zufälligen Ergebnis soll dann der Sinn gesehen werden. Damit wird zwischen den Menschen und die bedrohende Idee ein Stück Welt, z. B. ein gemaltes Bild, als Brücke gestellt; wird dann im Produkt des *spontanen* (instinktiven) *Handelns* der Sinn entdeckt, so hat der Instinkt den Geist gefunden.

Natürlich kann keine Rede davon sein, daß es sich bei den beiden geschilderten Möglichkeiten der Therapie um die einzigen Wege handelt, eine Schwierigkeit von archetypischem Format zu lösen. Eine Regel kann nicht aufgestellt werden, jedoch muß die Bedeutung der Übertragungsbehandlung auch hier nochmals hervorgehoben werden. Ob es sich nun aber um ein zufälliges Bild, das der Mensch gemalt hat, oder um einen dem Menschen zugestoßenen Zufall handelt, oder ob die Begegnung zweier Menschen als wesentlich im Mittelpunkt steht, immer muß das, was vorliegt, *symbolisch* aufgefaßt werden. Im Übertragungsverhältnis z. B. wird in unübertrefflicher Weise ausgedrückt, was anders nicht faßbar gesagt werden kann: die Gegensatzvereinigung (coniunctio oppositorum). Wird ein Symbol wirklich klar verstanden und aus diesem klaren Bewußtsein heraus gehandelt, so ist das Symbol, das durch sein teils rational-verständliches, teils der Vernunft unzugängliches Bild Gegensatzvereinigung und Orientierung ermöglichte, gleichsam überholt (16, S. 678). Es ist dann ersetzt durch klare, bewußte *Grundsätze.* Das typische und richtige Handeln aber, das aus solchen auf archetypischer Grundlage erwachsenen Grundsätzen erwächst, wird ganz bewußt dem Sinn des Tuns und der Ereignisse einen größeren Wert beilegen als der bloßen, an sich irrationalen Tatsächlichkeit. Damit ist das naturhafte »pattern of behaviour« ersetzt durch ein richtiges und typisches Handeln, das dem Handelnden sinnreich ist. Die Mutter dieser Tat war die Natur, der Vater der Geist. Notwendig ist aber immer auch eine bewußte Leistung. Hochheim hat dies sehr schön formuliert, wenn er von Geist und Natur sagt: »Wenn wir uns dieser beiden Wurzeln unserer Existenz mit Hingabe und Liebe bedienen, können sie zu Führern ohnegleichen werden und unser Leben mit tiefer Zufriedenheit und echtem Glück erfüllen« (42, S. 784).

VII. Die Entwicklung in der Begegnung mit dem Unbewußten

Die Entwicklung durch Kompensation

Das Bewußtsein wird durch die Erkenntnis unbewußter Regungen und Absichten zunächst stark beeindruckt. Es entsteht eine *Unsicherheit über die Grenzen der eigenen Persönlichkeit* (3, S. 36). Je nach Veranlagung veranlaßt dies den einen zur Überheblichkeit, den anderen zum Kleinmut. Die einen wissen alles, sind überall auf dem laufenden und wachsen auf alle Fälle dem Therapeuten zusehends über den Kopf. Im Überschwang des Selbstgefühls übernehmen sie eine »Verantwortung für ihr Unbewußtes«, die viel zu weit reicht. Die anderen aber betrachten mit Resignation all das Außerordentliche, das vom Unbewußten produziert wird, lehnen jede Verantwortung in bezug auf ihre schwache und unfähige Person ab, beanspruchen doch zunehmend das Verständnis und Mitgefühl, ja die Anerkennung des Therapeuten. Die Größe des Anspruchs wächst so auch beim Kleinmütigen, weshalb Jung beide Zustände zusammenfassend als *Inflation* bezeichnet hat. Diese stört das psychische Gleichgewicht, was früher oder später zu übertriebenem, unangepaßtem Verhalten führt. (Die Rolle, die das kollektive Unbewußte bei der Inflation spielt, haben wir bereits erwähnt.) Folge des unrichtigen Verhaltens ist eine Störung der Anpassung an Kollektivität. Es wird dann das, als was der Mensch vor der Allgemeinheit erscheint, zweifelhaft; oft wenig deutlich, oft in katastrophalem Ausmaß. Es tritt also eine Störung oder gar Zerstörung der Persona ein.

In dieser Lage bestehen nun zwei Möglichkeiten. Die eine ist, daß der Patient mutig an das Problem herangeht, das sich ihm hier gestellt hat, und will, daß abgeklärt wird, wohin ihn eigentlich sein Weg führen will. Die andere ist, daß er sich erschreckt zurückzieht, sich »bessert« und reumütig in derselben Weise weiterfährt, wie früher; natürlich führt seine Blamage dazu, daß er sich mit einer etwas »billigeren« Persona begnügen muß. Letztere Entwicklung, die eine rückläufige ist, nennt Jung die *regressive Wiederherstellung der Persona* (3, S. 74). Ein solcher Mensch wird an der Schwelle des Bewußtseinsfortschritts sagen: Es war natürlich alles Unsinn, ich war seelisch krank und ein Phantast. Das ist die Lösung, die Mephisto Faust ironisch vorschlug: »Erhalte dich und deinen Sinn in einem ganz beschränkten Kreise« (41, V. 2355). Vor der Frage, ob eine solche Lösung richtig sei, ist ein therapeutischer Instinkt notwendig (51, S. 34). Es ist vor allem die Stärke des Widerstandes zu würdigen, und dieser allenfalls, wie bereits erwähnt, als Schutzmechanismus zu erkennen. Denn es kann doch vorkommen, daß einer an archetypische Probleme stößt, die zu schwierig sind für ihn. Nicht jeder ist berufen, in seiner seelischen Entwicklung Fragen von umfassender Bedeutung zu bearbeiten.

Eine weitere Möglichkeit, die Störung zu kompensieren, besteht darin, sich mit den seelischen Inhalten, die aus dem kollektiven Unbewußten heraus eigentlich die Störung verursachten, zu identifizieren. Dies ist die Identifikation mit der Mana-Persönlichkeit. Anstatt zum typischen Handeln, das durch das archetypische Bild gleichsam empfohlen wird, vorzudringen, wird man zum *Propheten* mythologischer Gestalten. In mystischer Verklärung, der der Betreffende durch Ehrgeiz, Eitelkeit und Naivität verfällt, wird er Reformer oder gar Märtyrer. Es braucht aber für eine solche Kompensation allenfalls auch nicht so erheblichen Aufwand. Man kann es auch subtiler durchführen. Dann wird man nicht Prophet, sondern *Jünger eines Propheten* (3, S. 86), eine ideale Lösung, die Bescheidenheit mit dem Vorteil verbindet, dennoch die große Wahrheit – wenn auch nicht selber entdeckt zu haben – so wenigstens zu besitzen. Dem Zweifelhaften dieser Lösung wird erfolgreich begegnet, indem man sich mit anderen Jüngern zusammentut und sich gegenseitig in der so einzig richtigen Überzeugung festigt. Psychotherapeutisch bedeutet diese Kompensation die *Übertragungs-Heilung*, die ja immer rein psychologisch wenig ideal, praktisch aber doch oft noch die beste Lösung ist. Auch hier ist die Entwicklung regressiv, indem die geistige Unfreiheit vergrößert wird.

Die Individuation

Greift das Individuum die Probleme, vor die es durch die Begegnung mit der eigenen Unbewußtheit gestellt wurde, wirklich auf, so geht es den Weg der progressiven Entwicklung, die Jung *Individuation* (3, S. 89) genannt hat. Es führt dann die Begegnung mit dem Unbewußten in erster Linie zu einer Unterscheidung des Ich von anderen, seelischen Inhalten. Man muß erkennen, wie wenig »ich«, und wie viel andere Faktoren dazu beitragen, daß ich das bin, was ich bin. Die Auseinandersetzung mit der eigenen Affektivität, wie wir sie darstellen, ist die Grundlage der Unterscheidung. Diese Auseinandersetzung ist ein Wagnis. Es ist immer wieder eindrücklich, wie sehr der Patient erschrickt, wenn er inne wird, daß noch ein Anderes in ihm wirkt als sein Ich. Weicht er dennoch dem Problem nicht aus, so wird er fortlaufend Fragen begegnen, die ihn mit der Welt des Unbewußten, so wie wir sie zu schildern versuchten, bekannt machen. Dort, wo er archetypischen Situationen begegnet, wird ein neues typisches Handeln von ihm verlangt, was ihn oft vor sehr subtile *Pflichtenkollisionen* stellt, die ein *geschärftes Gewissen* verlangen. Entsprechend wird sich seine Persona gestalten müssen, nicht im Sinne, daß er »bedeutend« wird, sondern viel eher so, daß er individuell und damit vor der Allgemeinheit – die das kollektive Gleichmaß liebt – zwar nahezu unmöglich ist, aber schließlich angenommen wird, etwas mißtrauisch zwar, jedoch nicht unfreundlich. Denn individuell sein ist leicht etwas anrüchig.

Die Entwicklung in der Individuation hat Jung an psychologischem Material untersucht. Er kam dabei zur Feststellung (12, S. 93), daß im Phänomen, das als Manifestation des Unbewußten ins Bewußtsein tritt, im Verlaufe der Entwicklung ein formal gerichteter Prozeß sichtbar wird. Hieraus schließt Jung, daß die Individuation eine Entwicklung ist, die im Unbewußten vorbereitet wird und zur Entfaltung kommt, wenn das Bewußtsein Stellung bezieht. Er nennt diese Entwicklung den *Individuationsprozeß*. Die Entwicklung der Formen im Material zeigt eine Tendenz, daß das »Viele« dem »Einen« untergeordnet wird. Es zeigt sich nämlich eine Neigung zur *Zentrierung*. Und zwar tritt diese Zentrierung in den ersten Anfängen dort auf, wo der Patient erschrickt, weil er anderes in sich entdeckt, das nicht »ich« heißt und doch wirkt. Das Zentrum ist kompensatorisch zu der Vielheit, die zunächst auf den Patienten einstürmt. Es vermittelt die Einsicht, daß trotz der Nichtigkeit des Ich im Menschen eine Einheit vorhanden ist. Jung hat dieses Zentrum das *Selbst* genannt. In Fällen, in denen der Affekt sehr stark ist, kann sich dieses Zentrum, wie ich mehrfach beobachtete, als Vision oder als Traum von einer Sonne »mit merkwürdig mildem Licht« zeigen (38, S. 537). Das Selbst ist nämlich gleichzeitig eine *Vereinigung der Gegensätze:* daher das Licht, das das der Sonne und des Mondes vereinigt, klar und mild zugleich.

Die Probleme der Individuation stellen sich vorzugsweise in der zweiten Hälfte des Lebens. Für den jungen Menschen ist es beinahe eine Sünde oder Gefahr, sich zu sehr mit sich selber zu beschäftigen. Später aber wird es eine Pflicht und Notwendigkeit, seinem Selbst ernsthafte Betrachtung zu widmen (8, S. 267). Nur dann ist weitere Entfaltung möglich. Das animalische Leben ist Aufstieg und Abstieg und gleicht dem Rätsel, das die Sphinx Ödipus aufgab: Auf Vieren beginnen wir, auf Zweien gehen wir, auf Dreien, am Stock, hinken wir zuletzt. Das seelische Leben aber entfaltet sich bis zuletzt wie ein *Baum*, der auch in seinen letzten Jahren noch blühen kann und Früchte trägt. Der Baum hat deshalb in der Symbolik der Individuation eine nicht unwesentliche Bedeutung, der Jung eine ausführliche Studie widmete (14, S. 351). In der Psychotherapie ist die Diagnose des Übergangs von der *ersten zur zweiten Lebenshälfte* eine sehr wichtige, da ein zu langes Verharren in der Haltung der ersten Lebenshälfte zu schwersten Störungen der Anpassung oder des seelischen Gleichgewichts führen kann.

Die Vorstellung des Selbst kann, wie angeführt, in Momenten der Furcht vor der Zersplitterung einen Ausgleich schaffen und das Gefühl vermitteln, daß man doch nicht verloren sei. Wird es in solchen Momenten durch eine Vorstellung des kollektiven Bewußtseins dargestellt, so nennt es der Mensch oft göttlich oder Gott. In der Dynamik des Individuationsprozesses hat aber das Selbst noch einen ganz anderen Aspekt. Was ist es denn, was einen zu sich selbst führt? Es ist immer wieder eigene Schuld, eigenes Versagen und Ungenügen, oder gar eigene Lächerlichkeit. So stolpert man immer wieder über sich selbst, und oft hat man den Eindruck, daß man genarrt werde, damit man an Weisheit gewinne. Doch kaum ist man über die Klippe, so ist man schon wieder von neuem ein Narr. Dieses Nicht-Faßbare an der Problematik, die man doch selbst ist, hat die mittelalterlichen Alchemisten veranlaßt, den Wandlungsfaktor im Quecksilber zu suchen. Wenn sie ihn dort auch nicht fanden, so haben sie doch ein unübertreffliches Bild geprägt: Quecksilbergleich entzieht sich unser zentrales Problem, das wir doch selber sind, einer endgültigen Form und führt uns immer weiter (11, S. 69): So narrt und führt uns der Geist Mercurius. In der individuellen Psychologie haben die Probleme, die mit dem »Stolpern über sich selber« zusammenhängen, entsprechend ihrer Herkunft aus Unbewußtheit einen ausgesprochen archaischen Charakter. Eine ausgezeichnete Darstellung des archaischen *»trickster«*, der sich und anderen »in weltschöpferischer Meinung« das Bein stellt, findet sich in einem von Radin herausgegebenen indianischen Mythenzyklus, den Kerényi und Jung kommentierten (25).

Im Individuationsprozeß führt jede Wandlung zu einer Neuorientierung. Im Moment der *Wandlung* selbst findet deshalb ein Übergang von einer Orientierung zu einer anderen statt; das typisch-richtige Handeln ist durch den Archetypus, der dem Wandlungserlebnis mit seinem affektiven Aufruhr entspricht, neu gestaltet. Das ist immer wieder die Schöpfung einer neuen Welt des Individuums. Im Übergang von einer *Orientierung* zur anderen herrscht *Desorientierung*. Diese Desorientierung geht häufig so weit, daß die beiden grundlegenden menschlichen Orientierungsfunktionen, *Raum* und *Zeit*, in Mitleidenschaft gezogen werden. Es entsteht dadurch im Moment, da eine Wandlung eintritt und ein Archetyp konstelliert ist, eine *Unsicherheit* in Raum und Zeit, die manchmal sehr bemerkenswerte Ausmaße erreicht. Im Bewußtsein äußert sich diese in einem abaissement, einer Unklarheit des Bewußtseins, was rational durchaus verständlich ist. Weniger leicht verständlich für das rationale Verständnis, ja hochgradig irrational ist die Tatsache, daß in solchen Momenten Träume und andere Vorstellungen in die Ferne, in die Zukunft und die Vergangenheit schauen können, und daß merkwürdige Zufälle, die auf die aktuelle Situation des Individuums sinnbezogen erscheinen, an weitabgelegenen Orten und oft als »Vorboten« oder »Nachläufer«, also nicht einmal synchronistisch, auftreten. Der Ratlosigkeit und Unklarheit des Bewußtseins im abaissement scheint also kompensatorisch ein ungeheures »Wissen des Unbewußten« zu entsprechen. Diese Frage, die schon Schopenhauer mit seiner Abhandlung »Transcendente Spekulation über die anscheinende Absichtlichkeit im Schicksal des Einzelnen« (54, S. 229) aufgriff und die Jung erneut bearbeitete (26, S. 35), ist aber noch keineswegs befriedigend beantwortet. Jedenfalls ist aber die Unsicherheit in bezug auf Raum und Zeit ein wichtiger Aspekt in der Phänomenologie des Unbewußten.

In der Entwicklung der Individuation zeigt sich, daß nicht das Ich, sondern das Selbst *Zentrum der persönlichen Entwicklung* ist. Je weiter die Persönlichkeit sich entwickelt, um so weniger wichtig sollte das eigene Ich genommen werden. Eine Funktion des Ich ist aber von außerordentlicher Wichtigkeit, und es wäre geradezu töricht, das Ich zu unterschätzen. Nur vom *Ich* aus kann jener wesentliche Akt erfolgen, in dem immer wieder *subjektiv unterschieden* und damit die *persönliche Verantwortung* festgestellt wird. Gerade in der Psychotherapie ist es notwendig, auf diesem Punkt zu bestehen. Denn es darf nicht vorkommen, daß man »vor lauter innerem Erleben« seine *realen Pflichten* auf allen Lebensgebieten, von der Familie bis zur Politik, vernachlässigt.

VIII. Grenzgebiete der analytischen Psychologie

Alchemie

Die Beobachtung der Phänomene der Psyche hat Jung veranlaßt, Umschau zu halten und zu untersuchen, ob seine Untersuchungsergebnisse auch schon in früheren Zeiten bekannt gewesen seien. Er fand nun insbesondere in den Schriften der *Alchemisten* ein reiches Erfahrungsmaterial über das Wesen der Seele und des Menschen. Das Material ist in Form einer Projektion auf den chemischen Prozeß dargestellt, aber recht häufige Hinweise in den alchemistischen Schriften zeigen, daß sich eine Großzahl der Alchemisten über die im Grunde psychologische Bedeutung ihrer Aussagen im klaren waren. Parallel über alchemistisches und modernes analytisches Material hat Jung ausführlich publiziert (10). Vieles an den alchemistischen Projektionen ist für die Psychotherapie außerordentlich lehrreich. Insbesondere kann die Forderung der Alchemisten, daß das *»opus«* endlose *Geduld, Ausdauer* und *aequanimitas* erfordere (5, S. 42), uneingeschränkt auch auf die Psychotherapie übertragen werden. Interessant ist übrigens, daß in einem alchemistischen Werk aus dem Jahre 1653 das Zentrum einer Ausstrahlung von Kräften auf den Menschen als Archetypos bezeichnet wird (48, Tf. V). In der Untersuchung der Alchemisten zeigt sich aber auch besonders deutlich die offene Weise, in der Jung sieht und darstellt. Genauso, wie er die Totalität der Psyche und ihre Energetik (4, S. 12) in einem grundsätzlich *offenen System* mit dem Übergang zu den psychoiden Regionen schildert (7, S. 14), findet er den Zugang zur Alchemie nicht ausschließlich von einer empirisch-psychologischen Wissenschaft aus. Er beschäftigt sich vielmehr eingehend mit dem Wesen und mit den Formen der Alchemie (15), indem er sich durchaus bewußt ist, daß wir ein Gegenüber nie dann erfassen, wenn wir uns fragen, was wir davon halten, sondern wenn wir uns fragen, was sein eigentliches Wesen sei, damit das Gegenüber *aus sich selbst heraus* verstanden werde. Die Forschungen Jungs über die Alchemie sagen deshalb nicht in erster Linie etwas über Psychotherapie aus, sondern schildern die Alchemie an sich. Hierdurch wird scheinbar eine psychotherapeutische Nutzanwendung der Untersuchungsergebnisse erschwert. Eine Schilderung der Alchemie vom psychologischen Standpunkt aus würde jedoch nichts Neues ergeben, sondern lediglich an einem »Projektionsmaterial« den bereits bestehenden Standpunkt widerspiegeln. Wenn hingegen die Alchemie aus sich selbst heraus verstanden wird, kann die Arbeit der »alchemischen Philosophen« die Psychologie befruchten und neue Erkenntnisse bringen. Die »Gegenleistung« des Psychologen hingegen besteht darin, daß das Dunkel der Alchemie durch Verstehen erhellt wird.

Psychiatrie

Auch in dem Grenzgebiet der Psychologie, von dem Jung hergekommen ist, der Psychiatrie, hat sich die Betrachtungsweise Jungs als bahnbrechend erwiesen. Er hat beim Geisteskranken den Zugang, den das Erfassen des Wesens des Anderen öffnet, aufgezeigt, indem er nachwies, daß der Wahn tatsächlich so gemeint ist, wie er sich äußert; man muß nur seine Symbolsprache verstehen. Ein kurzes Beispiel: Eine paranoide Schizophrene sagt »Ich bin die Loreley«. Jungs Analyse lautet: Sie sagt: es ist ein altbekanntes Lied »Ich weiß nicht, was soll es bedeuten« etc. Immer wenn die Kranke von ihren Angelegenheiten sprechen will, so verstehen sie die Leute nicht und sagen, sie wissen nicht, was es bedeuten soll. Deshalb ist die Kranke die Loreley (22, S. 22). Ganz allgemein läßt sich sagen, daß wenn man sich so auf ein krankhaftes psychisches Symptom bezieht, daß man es nimmt als das, was es ist, eine therapeutische Wirkung erreicht wird. Es kann sich z. B. ein Wahnkranker hypnotisiert fühlen. Weiß dann der Psychotherapeut, daß die Inhalte des Unbewußten tatsächlich oft wie ein Magnet wirken und sogar »die stolzen Schiffe des großen Meeres Oceanus festzuhalten vermögen« (13, S. 211), d. h. die bewußte Aktivität des Patienten blockieren können, so wird er Verständnis zeigen. Zeigt er dieses Verständnis dem Patienten, so wird keineswegs der Wahn verstärkt, sondern es vermindert sich die klinisch-soziale Störung, die der Wahn verursacht. Denn ein Wahn, der von einem anderen Menschen verstanden wird, ist nur noch ein halber Wahn, was immer der Anfang einer Heilung sein kann. Es haben die Untersuchungen Jungs insbesondere auf dem Gebiet der Schizophrenie gezeigt, daß grundsätzlich jeder pathologische Zustand als Ausdruck eines Sinnes verstanden werden kann, was wahrscheinlich macht, daß ganz grundsätzlich fast jede Schizophrenie heilbar ist. Der Weg zur Heilung dürfte vom Verständnis über die Übertragungsbehandlung führen. Diese Erkenntnisse Jungs haben mitgeholfen, daß seit E. Bleulers Zeiten die Psychotherapie der Psychosen gewaltige Fortschritte gemacht hat. Der Standpunkt, daß die Schizophrenie als »Prozeß« zur Versandung führe, ist ersetzt durch eine neue Formulierung. Jeder einsichtige Psychiater weiß, daß er nicht alle Fälle heilen kann. Er weiß aber auch, daß auch in Fällen, die für ihn unheilbar sind, wahrscheinlich eine Heilung möglich wäre, wenn der Kranke einem Therapeuten begegnen würde, der die Problematik seines Falles versteht und der geeignet und bereit ist für eine Übertragungs-Psychotherapie. Jungs Annahme, daß der pathogene Komplex eventuell durch endogen-toxische Einwirkungen zerstört wird, wenn der archetypisch bedingte Affektaufruhr sich bis in die »psychoide« Körperregion auswirkt, läßt es allerdings als günstig erscheinen, wenn bei einer Gruppe von Fällen eine somatisch-pharmakologische Behandlung die Psychotherapie unterstützt. Jungs Interesse für diese Frage, an der er selbst nur theoretisch mitarbeitete, war Anlaß, daß er am Internationalen Kongreß für Psychiatrie (Zürich 1957) das Ehrenpräsidium der Sektion übernahm, die sich mit dem Chemismus der Psychosen beschäftigte. Jung vermutet, daß die toxische Einwirkung am Hirnstamm ansetzt (23, S. 50). Je nachdem, ob die toxische Einwirkung wesentlich ins Gewicht fällt oder nicht, wäre bei dem von E. Bleuler beschriebenen schizophrenen Syndrom ein primär-akutes, bzw. subakutes (flüssiges) und ein sekundär-chronisches (toxisch erstarrtes) Zustandsbild zu unterscheiden. Ruemke/Utrecht hat an dem erwähnten Kongreß darauf hingewiesen, daß die erste Gruppe trotz allerschwerster, anscheinend pathologischer Symptomatik, eigentlich eine sehr schwere Neurose sei, die als »Pseudoschizophrenie« zu bezeichnen wäre, während der Ausdruck Schizophrenie für die zweite Gruppe zu reservieren wäre. Eine scharfe Scheidung kann aber wohl kaum vorgenommen werden, da der Verlauf der schizophrenen Erkrankung eben wesentlich davon abhängt, welchem Therapeuten der Kranke begegnet.

Natur- und Geisteswissenschaften

In seiner offenen Art hat Jung Zugang zu mannigfachen Gebieten der Natur- und Geisteswissenschaften gefunden und so die analytische Psychologie bereichert. Ihrerseits hatte aber auch die Psychologie den Gebieten, denen sie begegnet ist, etwas zu geben. Jung hat deshalb viele Gebiete mit befreundeten Gelehrten anderer Wissenschaftsgebiete gemeinsam bearbeitet. Wir dürfen hier sein Zusammenwirken mit dem Kenner der *antiken Mythologie,* Karl Kerényi (24), mit dem Erwecker der *altchinesischen Kultur,* Richard Wilhelm (28), mit dem Erforscher der *indischen Weltbetrachtung,* Heinrich Zimmer (29), mit dem Vermittler des *Zen-Buddhismus,* Suzuk (27) und mit dem *theoretischen Physiker* Wolfgang Pauli (26) nennen. So steht C. G. Jung in der geistigen Welt zugleich als ein Gebender und ein Nehmender.

Literaturverzeichnis

1 Jung, C. G.: *Wandlungen und Symbole der Libido.* Leipzig und Wien 1911 (4. Aufl., Symbole der Wandlung, bei Rascher/Zch.)
2 – *Das Unbewußte im normalen und kranken Seelenleben*, 3. Aufl. Rascher/Zch. 1929. (1. Aufl. 1926, 6. Aufl. *Über die Psychologie des Unbewußten* 1948.)
3 – *Die Beziehungen zwischen dem Ich und dem Unbewußten.* Darmstadt 1929 (5. Aufl. Rascher/Zch.)
4 – *Grundsätzliches zur praktischen Psychotherapie.* Zbl. f. Psychotherapie VIII, 1935, 2, p. 66.
5 – *Die Psychologie der Übertragung.* Rascher/Zch. 1946.
6 – *Psychologische Abhandlungen I.* Deuticke/Leipzig und Wien 1914, Vorwort.
7 – *Über psychische Energetik und das Wesen der Träume.* Psycholog. Abhandlungen II, 2. Aufl. Rascher/Zch. 1948. (1. Aufl. 1928)
8 – *Seelenprobleme der Gegenwart.* Psycholog. Abhandlg. III. Rascher/Zch.
9 – *Wirklichkeit der Seele.* Psychol. Abhandlg. IV. Rascher/Zch. 1934.
10 – *Psychologie und Alchemie.* Psycholog. Abhandlg. V. Rascher/Zch. 1944.
11 – *Symbolik des Geistes.* Psycholog. Abhandlg. VI. Rascher/Zch. 1948.
12 – *Gestaltungen des Unbewußten.* Psycholog. Abhandlg. VII. Rascher/Zch.
13 – *Aion.* Psycholog. Abhandlg. VIII. Rascher/Zch. 1951.
14 – *Von den Wurzeln des Bewußtseins.* Psycholog. Abhandlg. IX. Rascher/Zch. 1954.
15 – *Mysterium Coniunctionis.* Psycholog. Abhandlg. X, XI. Rascher/Zch. 1955–1956,
16 – *Psychologische Typen.* Rascher/Zch. 1921.
17 – *Diagnostische Assoziationsstudien*, Bd. I, Studie 1–4, Leipzig 1906, Bd. I, Studie 5 und 6, Leipzig 1910.
18 – *Die psychologische Diagnose des Tatbestandes.* Rascher/Zch. 1941. (1. Aufl. 1906).

19 – *Psychologie und Erziehung.* Rascher/Zch. 1946.
20 – *Die Ehe als psychologische Beziehung,* in: *Das Ehebuch,* herausgegeben von Graf Hermann Keyserling, Celle 1925.
21 – *Psychologie und Religion.* Rascher/Zch. 1940.
22 – *Der Inhalt der Psychose,* Leipzig und Wien 1908.
23 – *Die Schizophrenie,* in Zusammenfassungen der Vorträge am II. Internationalen Kongreß für Psychiatrie, Zürich 1957, 49.
24 Jung/Kerényi: *Das göttliche Kind und Das göttliche Mädchen.* Amsterdam-Leipzig 1940/41. (2. Aufl., Einführung in das Wesen der Mythologie. Rhein-Verlag/Zch.)
25 Jung/Kerényi/Radin: *Der göttliche Schelm.* Rhein-Verlag/Zch. 1954.
26 Jung/Pauli: *Naturerklärung und Psyche.* Rascher/Zch. 1952.
27 Suzuki/Jung: *Die große Befreiung.* Leipzig 1939. (Neuaufl. 1958, Rascher/Zch.)
28 Wilhelm/Jung: *Das Geheimnis der goldenen Blüte,* München 1929. Neuaufl. 1957, Rascher/Zch.)
29 Zimmer/Jung: *Der Weg zum Selbst.* Rascher/Zch. 1944.
30 Adler, Alfred: *Über den nervösen Charakter.* Wiesbaden 1912.
31 Bleuler, E.: *Dementia praecox oder Gruppe der Schizophrenien,* / Leipzig und Wien 1911, Vorwort.
32 – Die Psychoide, 1925.
33 Binswanger, L.: *Über das Verhalten des psychogalvanischen Phänomens beim Assoziationsversuch.* Journ. f. Psychologie und Neurologie, X, 1907.
34 – *Grundformen und Erkenntnis menschlichen Daseins.* Niehans/Zch. 1942.
35 Codrington: *The Melanesians,* 1891.
36 Fechner: *Elemente der Psychophysik,* 2. Aufl., II. Teil, 1899.
37 Fierz, H. K.: *Methode und Technik in der Praxis der analytischen Psychologie.* Psyche/Stuttgart VIII, 1954/55, 37.
38 – *Die Assimilation des inkompatiblen Komplexes in der akuten Psychose.* Psyche/Stuttgart VIII, 1954/55, 525.
39 – *Les aspects positifs et négatifs du Problème du Père dans la Psychologie de C. G. Jung.* Synthèses/Bruxelles X, 1955, 414.
40 Freud, S.: *Die Traumdeutung.* Wien 1900.
41 Goethe: Faust I.

42 Hochheimer, W.: *Aufklärung und Gegenaufklärung in der Sexualanthropologie.* Psyche/Stuttgart X, 1956, 763.

43 Jacobi, J.: *Die Psychologie von C. G. Jung.* Rascher/Zch. 1940.

44 Janet, P.: *Les Névroses.* Paris 1909.

45 Kretschmer, E.: *Körperbau und Charakter.* 1921.

46 Kretschmer, W.: *Der Assoziationsversuch von C. G. Jung,* in: *Handbuch der klinischen Psychologie I, Die Tests in der klinischen Psychologie 1.* Rascher/Zürich 1954.

47 *Kulturelle Bedeutung der komplexen Psychologie.* Springer/Berlin 1935.

48 Khunrath, Henrico: *Amphitheatrum Sapientiae.* Gundermannus/Hamburg 1653.

49 Leriche, René: *Souvenirs de ma vie morte,* Seuil/Paris 1956.

50 Lévy-Bruhl: *Les Fonctions mentales dans les sociétés inférieures.* 1912.

51 Meier, C. A.: *Antike Inkubation und moderne Psychotherapie.* Rascher/Zch. 1949.

52 Pascal: *Pensées,* ed Garnier, Paris, 1930.

53 *Rosarium Philosphorum.* Frankfurt 1550.

54 Schopenhauer: *Parerga und Paralipomena.* Reclam/Leipzig 1891.

55 Stekel, W.: *Technik der analytischen Psychotherapie.* Huber/Bern 1938.

56 Tsui Chi: *Geschichte Chinas und seiner Kultur.* Pan-Verlag/Zch. 1946.

57 Veraguth, S.: *Das psychogalvanische Reflexphänomen.* Monatsschrift f. Psych. und Neurol., XXI, H. 5, 387.

58 Vischer, F. Th.: *Auch Einer,* 26. Aufl. Stuttgart und Leipzig 1904.

59 Wilhelm, R.: *I Ging, das Buch der Wandlungen.* Diederichs/Düsseldorf und Köln 1923.

60 Zimmer, H.: *Kunstform und Yoga im indischen Kulturbild.* Berlin 1926.

Namen- und Sachregister

7–1–4, 4–5–6